U0111320

香港邊界

走一回

 序

　　邊界遊歷，對於本港行山人士而言，那像極了吊在努力牽曳石磨的驢子前面吊着的那根紅蘿蔔，只能看，而永遠吃不到的那種無奈、那種失落。

　　香港陸地面積千平方公里多些，作為界線的長度彎彎曲曲計，約三十公里左右；但在我們旅行人士眼中，那怕是小丁點，只要我們未接觸過，便絕不會放過，我們有不怕困難的決心，有「窮遊極搜」的氣概。

　　好，我們就先去瞭解一下我們的邊界是怎樣產生，產生後對人民有甚麼影響吧！

　　我們隨時光隧道，回到滿清時代的1898年吧！正如本書有關內文提到，英國人巧妙地不從沙頭角灣算起，而是聰明地借用一條不起眼的沙頭角河，據其流域為界，原來這樣可以少卻許多劃界麻煩，還多了大片土地，更重要是多了許多軍事上的制高點。那時滿清人的腐敗無能，英人也不需設甚麼關卡，只留簡單警崗，一如今之直布羅陀與西班牙的關卡一樣。

　　到1949年6月1日，解放軍直趨邊界門口，人口亦大量湧入，才開始關注，並於1951年2月15日正式實施邊境管制，結束自由出入的開放門戶政策。

　　1951年6月，設立禁區，憑證出入。

　　1962年將禁區擴大，一直維持到回歸後一段時間。

　　2005年曾蔭權任特首，主張削減禁區以釋出邊界土地，由原先的2800公頃，縮減至餘下400公頃。分三個階段進行：

　　第1階段由2012年2月15日，香港時間0時0分，新的邊界禁區範圍正式生效：沙頭角六村、香園圍、竹園、打鼓嶺，不再列入。

　　第2階段，2013年6月10日，羅湖得月樓、料壆、馬草壟、落馬洲，解除禁區，並拆除警崗關閘設施。

　　第3階段，2016年1月4日，梧桐河邊境禁區撤除，合共釋出2300公頃工地，村民進出不需證明，旅行人士亦可自由出入。

　　於此，我們得感謝曾特首的德政，還有要提出的，曾特首是「西九文化

區」的主力推手，要把香港建設為一個文化藝術城市之外，原來建造跨海大橋也是他極力主催的。

話說回來，這條邊界儘管像斷椏禾蟲般，有些地方仍未能通行，但它幾十里範圍連同附近村落、和高山，足夠我們去好好認識、探索和受用⋯⋯。

首先，紅花嶺可以縱走了，山上原來有兩個著名的碉堡，還有令人迷惑的礦洞；另外，其外的白虎山及還有其他碉堡要探索，一個不能少。香園圍原來有炮樓又有圍村，怎能錯過呢？

沙頭角，連接中國邊界的鄉村，沙頭角人肯定第一個進駐了？答案錯了！世事原來就是這麼奇妙，是烏石角人，據云康熙年代已到沙頭角了。還造了埗頭，方便附近幾條村民，賴以交通。

禁區偏遠鄉村，還出了功名，十年窗下，京師往返，可能都依賴這些埗頭。而一個舉人，連考三場，每場三天。進士是狀元三甲內的殿試貢士，由皇帝主考並出題。得來不易，下麻雀嶺村祠堂有這牌匾。

上麻雀嶺村，一淌池水，你認為是甚麼：風水？俗了。是泮水；半桶水也。甚麼用，書中有答案。

村有中舉人，但祠堂有超搞笑「白字」該嘆「書到用時方恨少」。真的是事非經過不知難呀！

本人寫這書時前往各村探路採風問俗，不經過不知難，信然！但難不倒我！

黃梓莘

目錄

Chapter 01

● 誰是住進沙頭角的第一人 ●

　　烏石角村民是沙頭角第一批原住民。他們進駐時，沙頭角還未有人居住。這是一項非常重要的歷史，但被很多人忽略了。筆者為了寫這書時，就想把烏石角作專題獨立，不經意就這樣發現這一重大線索。

▲ 村貌開揚，中心廣場有花圃。

▲ 舊日關口閘門，後方的警崗小屋，昔日的大樟樹，如今已變了歷史。

關閘匆匆消失　舊照頗堪弔憑

六村解禁時，有沙頭角原居民帶領入村參觀過，粗略一遊，自然不會理會這村外一角的小村。這烏石角位於六村口的石涌凹，從前有外人止步的關閘，就設在石涌凹的馬路上，還替馬路造了平頂蓋，還加了條大鐵杆橫着，行人與車輛出入均受檢查。警崗小屋對開有大樟樹，樟樹下有馬路直上崗上警署，這該是邊境警署，與遊人無關。現今平頂天蓋拆除了，前本書《香港郊野藏寶圖》幸拍攝了照片，是有價值歷史照片了。

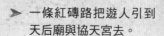
➤ 一條紅磚路把遊人引到
天后廟與協天宮去。

◄ 村口兩旁的大型建築物。
▼ 烏石角路牌,在兩大建築
物中間的路口。

烏石角在禁區外

閘前有兩幢現代建築物,矮的是「診所」,位置是在禁區界外,是方便
禁區兩方居民使用。兩所建築物間有小車路,還有路牌,綠底白箭咀,三個
「烏石角」黑字,記着,這是禁區外。

烏石角還是殘留禁區痕跡

從外望進去，環境不錯，綠樹籠陰，起碼得個清涼感覺。進入後面對山坡，一塊高大白色牌，寫着禁區之類警告字句。這是說烏石角是禁區了。現解禁了沒有？看六村解禁條文，烏石角沒被包括在內。但這裏和六村有大石崖隔着，跟內陸無甚關係，經濟關係、交通關係都沒有。就抱着這種自我解惑的心態，怡然進入了「烏石角」。

▲ 六村以外的獨立禁區牌，本不在六村解禁之列，今天亦已同時解禁了。

山水醉人 留下難忘印象

第一次匆匆，但被這裏的山水風景吸引。面前是大海灣，對岸崇山疊起，就是每年起碼要行一次的「尖光峒」與「石芽頭」的美麗風景。山隈地狹，不能好好替它拍照，不經意在這裏發現有這麼好機會，自然好好替它拍個照。路盡有廟，據聞是最古老歷史的廟，但男廟祝不大歡迎外客。

◀ 樹影婆娑，環境幽雅。

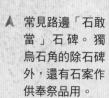

常見路邊「石敢當」石碑。獨烏石角的除石碑外，還有石案作供奉祭品用。

村民黃姑娘五採集豌豆花，準備蒸榨汁液，取用作油畫顏料。

先民坐船到埗　沙頭角還未有人

這回再訪，沿路入，花壇上正有位姑娘在修理中，細看並交談。原來係村中姓黃的姑娘，在採集豌豆花，說蒸取汁液作油畫的原料，取其色澤潤麗，勝於售品。入村後再逢姑娘，這回她較輕鬆交談了，說：「你猜沙頭角最早入住的居民是誰？」原來就是烏石角村居民。何解？我意人從大陸來，應是山咀、擔水坑等先到先居。她說，錯！她們從海上坐船來，故沙頭角尚未有人居住。她們祖先還在海邊築了個埗頭（碼頭），供這一帶甚至麻雀嶺村，都來這裏上船出省甚麼的。對了，麻雀嶺下村往京取得功名的張姓人家，也應來這裏上船，而非純由陸路赴京的。取名叫烏石，因初期運來許多烏石建屋而得名。

天后廟合數村建造　協天宮打風後建

天后廟是幾鄉居民合建，求得平安，關帝廟則是1996年颱風後再建廟求福的。村中有黃氏家祠，村面向港灣，村前廣場多蒔花及曬晾衣物，環境獨處一方，遠離塵市，非常幽靜美麗。到訪者留意尋找廢碼頭舊跡，舊日「碼頭」，應是在海床砌石堤伸入海中，供人上落便算，故留有石塊海邊的便是。

◄ 烏石角的天后宮，再遊時已粉飾一新。

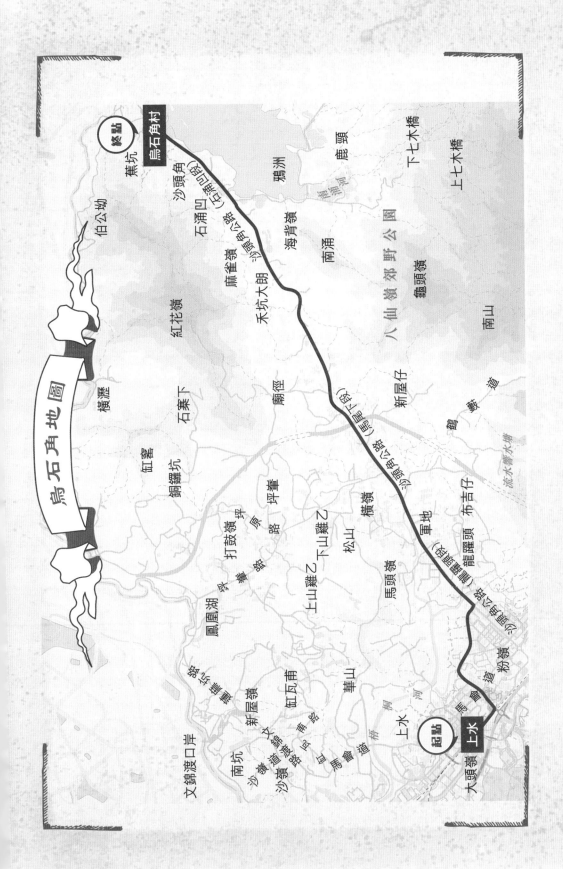

沙頭角六村解禁了

六村一直被禁制外人進入的村落，現在開放給外人來往了，雖然是鄉下地方，但是，相隔時代確很久遠，值得探索。港人禁踏足沙頭角，百年以上，自解禁即急忙往探索，其外緣有烏石角，原來可以遙望名山，景色令人駐足不去。

通過時光隧道，回到1898年清朝光緒年代，因割讓香港而引起的租借新界及擴展租界，利用沙頭角河床作界位，其後河床變成了中英街，遂因而豎立了八條界碑，還掛了警世鐘，180響的警世鐘聲於每年3月18日便會響起。

◀ 烏石角天后宮
（門前是廟祝）
與協天宮。

到處有問題　趣味隨處在

　　我們今日身處的特區沙頭角，聽不到那鐘聲，昔日因受沙頭角邊界禁區制約，不能隨意進入的六條村，千禧年代後，因發展需要，開放禁區，把禁線向北推移，這六村成了旅遊新焦點，而六村之遊，有見旅遊車開來了，遊客落車走走，又開走了，他們或會感到乏味吧？

探遊再三　何來乏味

　　本人接觸六村之遊有三次，初為粗遊，次為自家逐村遊，越遊越有趣味，再作第三次的專題探索遊。何解？

▲　擔水坑纏藤村屋。

六村據報導是指山咀、擔水坑上下村、蕉坑、木棉頭、新村和塘肚山村（其實還有塘肚坪）。這裏應該有瓦窰頭村的，為甚麼不見了？

尋找真相　從頭再行

　　專題探索就是從舊閘口落車進入，靠馬路右向北，過了塘肚，未到木棉頭，馬路左方路邊有座新屋（路牌應是新村），馬路右邊有舊村屋三兩間，下意識認定應是瓦窰頭，曾問路過村民則否定有瓦窰頭村。幸見地台下有人工作，得另一長者欣然作答，詢以「此乃瓦窰頭村？」答覆「是又不是」。原因是從前有這村，今村仍存在，但名稱卻消失了。原來這長了長鬚的長者，姓藍，就是瓦窰頭開村先祖的後代。他似有感悟，說初開村時，是在今已作墓葬區的近山山腰位置。後來政府要搬村，在馬路那（右）邊，改村名叫新村，瓦窰頭卻不見了。我們現在所站處，實在就叫「瓦窰頭」。並說稍後會向政府提議，

▲　瓦窰頭村三百年舊屋。

將我們二村，改回「沙頭角瓦窰頭村」云。為何加沙頭角？可能他祖輩遷來港前，所在鄉間叫瓦窰頭也說不定，並指新屋後邊一列村屋，已二三百年歷史。

與村民談　津津樂道

跟着他介紹自己從英國回來，很重視鄉土情，熱愛勞動不能停下來，不斷把地台整理，及清理海岸邊紅樹林長草和垃圾，現在才可直望到海岸。有些人妒忌，以為他有土地野心而令停止。但他直言十分豁達，不會斤斤計較村土之爭，認為遲早都因改制而消失。

▲ 對岸尖光峒與石芽頭，難得見到身影。

▲ 山咀村後沙頭角方的電視塔。

村民生活　與日中興

擔水坑村，是六村中較多變化的一條大村，它分了上下村，上村大抵開村較早，有群雅小學，起初只有十數人，後發展成數百人，有新舊校舍。校側小徑可通山咀後日敵修建的戰壕和小堡壘，村內路側及支路可看到二百多年前修建、通頂了的石屋和

▲ 村後山坡梯田已廢，只剩矮屋相伴相隨。

➤ 擔水坑上村街內村屋。

▲ 擔水坑上村群雅小學。門前籃球場平時供作停車場。

完整的村屋，可觀察和認識當年的建設風格。蕉坑後的山坡上，可看到由山腳到山腰，都是層層梯田，回想從前務農，因收穫不足糊口，用雜糧充主糧的困苦生活。塘肚下方有正在發展興建大遊樂場工程。

烏石角靚　切勿走寶

　　舊閘口外轉入烏石角路，地上鋪的紅磚一直到天后宮，廟祝說已400年歷史，但銅鐘刻民國壬戌年東和壚造，年期晚得多。沿途風景極佳，值得一遊，無六村行，此地將不會被發現。

　　旅行如能付出一點探求精神，虛心尋求解答，甚麼事物都有有趣的答案在裏面，並不會感到乏味。

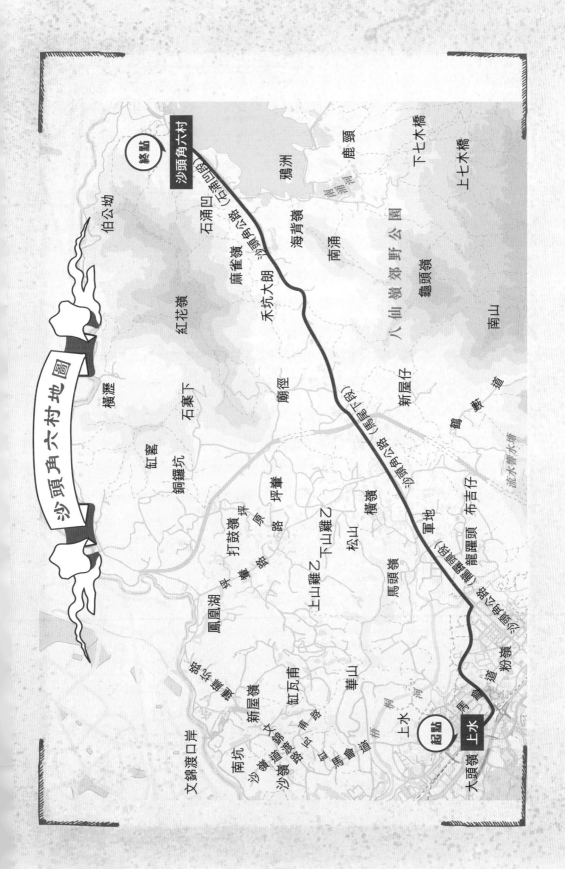

Chapter 03

• 日軍留下的軍事設施 •

　　邊界解封，沙頭角這片「日出沙頭，月圓海角」的地方，很富詩意，更滿載神秘感，具高度吸引力的地方，已到訪過三次了；今天，因與葉兄約定探尋瓦窰古蹟，尚有餘暇，葉兄力稱把餘下的沙頭角機槍堡也探了，便不枉此行。

▲　最初出現的一個石屎堡洞口，神秘感吸引人急急要走入去探索一番。

◀ 用小石塊細心砌成的，日光掩映下，非常漂亮的機鎗冷卻池，恰似沙俄皇宮的金人噴泉花園所見。

沙頭角關閘　今見已清除

▲ 望向馬路有兩個槍眼。

由上水搭巴士78K，直往沙頭角去。前幾回過石涌凹時，還見舊日木搭關閘遺跡，原有簡陋的木製四方形平頂上蓋，今回空空如也，只剩下石台上巨樟和數楹辦公用小屋，供憑弔用。舊時情景，拙作《平原大地導賞徑》也有照片，當是可以珍藏的　幀舊照了。

沙頭角分界　兄弟村分離

▲ 從外部觀察其形貌，非常堅固紮實。

沙頭角有六村，忘記了？就是擔水坑上下村，山咀、蕉坑、瓦窰頭、新村、木棉頭，其中山咀最貼近現今的邊界。這沙頭角又為何變了禁

區？那是光緒年代，1898年，香港要割讓給英國，英國要擴張新界領土，遂有租新界之議，於是便在沙頭角立了中英分界界碑，沙岸成了中英街，一街兩制，繁榮了起來，但這樣一分，把本是同一太公的兄弟村，就這樣被分離兩地，木湖、週田和向西本是三兄弟村，現在把向西留在界外。這是與村民交談才會瞭解到的故事。

六村最初開放　擔水坑村最大

在六村中，擔水坑村是最大的，分有上下兩村，還有學校兩間，規模不細。上村的村口有風雨亭，市區來的巴士，都會在此停站，外來乘客必需在此落車，否則巴士會把你載入禁區去，進去時大抵不會受到阻攔，但出來時，遇到警方查證，那就麻煩了。

既然有戰跡　不尋難安樂

從擔水坑村入，可以探日軍機槍堡，還有許多縱橫盤曲的戰壕通道，這都是不知戰爭為何物的朋友，一個極佳見證歷史的亮點，只是地頗偏僻而近邊界禁區，不好亂闖尋覓，葉兄一力推薦，並選了一條最不辛苦也最易到達的路線前去。

▲ 戰壕就是泥坑，充滿落葉，但可通行。沒有太陽照射，頗陰暗。

溫氏宗祠　一列三座

沿着擔水坑村路入，過三座新鬆溫氏宗祠，一家謝氏家祠和遊樂場，望着連綿起伏遠山前進，過了路邊掛滿甘草果皮、菜乾等自製土特產小店門口，再從雅群小學新校旁邊小徑轉入，就是登山的轉捩點關要所在。

▲ 雅群小學側的下方小路，就是登山口，因路口細而窄，易被人忽略。

機槍冷卻池細石砌　恰似俄國沙王金人池

　　過山神社沿石屎路上行，不到一分鐘，轉入左路口，留意右方山坡，有坑道出現，就是戰壕遺址，準備進入。沿之上行，便見到四方洞門，是槍堡建築物入口，進入需備電筒照明，第一個槍堡有兩槍眼，面向馬路；再鑽入坑道

▲ 這一個堡，內部很大，有多個槍眼。

▲ 另一個槍堡入口。

上尋，發現一個非常華麗的小石砌成建築，恰似俄國彼得大帝金人噴池一樣，鑲工細緻，原來是冷卻機槍用的水池。續行，戰壕時闊時窄，還有岔道。到另外槍堡前，還有物資小寮屋。繼續追尋，另一更大四槍眼大堡出現，內廓寬敞。轉到外面觀察，真是非常堅固龐大，可見日軍之用心。坡下是墓地，可尋路落到山咀村之山咀亭去。本來還有更多通道，可繼續細探追尋的。

▲ 壕坑中，出現破寮，是物資補給供應站。

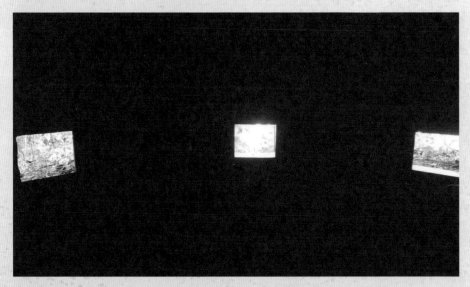

▲ 最大的一個機槍堡，有多個射擊鎗眼。

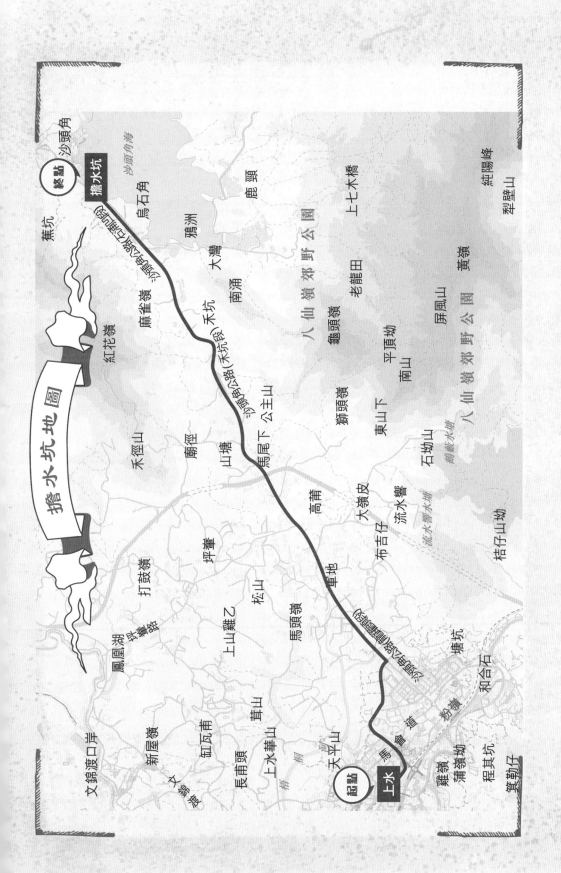

● 紅花嶺上第一個英軍碉堡 ●

　　紅花嶺，名字嬌艷；麻雀嶺，名字夠貼地。你喜歡哪一個？
兩個都要了。它是香港與國內一座界山，位於香港東北沙頭角，
山脈向西伸延，然後西南斜走，共長約四公里。於1954年6月，
為防走私及非法偷渡，邊界設為禁區，其山東陲及北部，都列在
禁區內。在2013年6月、2016年1月及2016年2月，解禁。

（註：紅花嶺因作者本人無力上山，所有圖片及訊息由錦繡葉耀文兄提供。特
此鳴謝。）

▲　紅花嶺山近景。細心看到行山客向山頂進發。

▲ 紅花寨風姿。

▲ 遠觀紅花嶺雄姿。

如果邊界線不這樣劃

　　市民或許都少留意，英國與清廷談判租借時那種對地理熟知的智慧：訂定界線，為何不從沙頭角海灣篤向西一劃，到后海灣梧桐河出口？這樣做看似簡單，但要花人力去訂定界點，同時亦把非常好用的紅花嶺排在界外，亦少了大片沼澤土地。沙頭角路成了邊界公路，麻雀嶺村成了禁區村。處處捉襟見肘，受制於人。

界山有些變禁區　行山無法通走

　　就是這「界山」緣故，使我們這些行山者，少了一條「紅花嶺縱走」的好節目（整個山由東至西或由南至北山脊上全走的意思）。此山由於山脈西南斜走，故此大都為非禁區，於是紅花嶺山頭也不乏我們足跡，只是步步留心，不要誤穿入已被剪成缺口大鐵絲網龍，入了禁區而不察，故行紅花嶺心情自然緊張起來。

▲　遠方紅花嶺。

▲　英軍軍營：碉堡附近的建築。

▲　從碉堡內向外望。

▲　外型和大石磨相似嗎？

鐵線龍有缺口　行山者會誤入

　　有問行紅花嶺為何會易墮入禁區陷阱？因東北嶺部分係界線，山頭鋪了長龍般鐵絲網，成個山頭都是，行山徑係依山勢行，而鐵絲網龍則是拉直線鋪，於是有些地方算入禁區而有些地方不是。鐵絲網卻有被非法人士剪成大缺口，方便他們進出，行山人士到這裏變成陷阱，入禁區而不察。未遇軍警則已，見則麻煩多多，故行進時大都戰戰兢兢。

碉堡49年建　防偷渡防走私

　　紅花嶺麥景陶碉堡，於1949年由警司叫麥景陶的建造，防範大量非法移民湧入及走私活動，於邊界七個山頭興建模式相似，功能相同的碉堡，初期派人員駐守，後轉電子監控；而直至最後撤銷禁區，使行山人士大為雀躍，急忙連番探訪這多年被禁的「禁地」。大家不要錯過了。

▲　長長人龍在山頭前進，大都心情興奮。

探堡林密路稍企　體健力壯者優勝

　　是全走或叫縱走紅花嶺的路線。這紅花嶺也叫麻雀嶺，英文寫知更鳥巢嶺，知更鳥即麻雀，巢字省掉，成麻雀嶺。從沙頭角內擔水坑村後進入，沿山路會見到日軍戰壕碉堡；此時因近邊界，有時望到山下屋群，並非香港而是深圳，沙頭角海，有碼頭伸出的便是港方。四邊是林，低頭走，要注意路，見第一個丫口，轉行右方，山路隱晦，再有丫口路，也靠右走，便出現鐵閘。便是期望已久的第一個麥景陶堡，也叫伯公坳堡了。

◄ 紅花嶺下的麻雀嶺村街景。

◄ 村落舊日款式，今時難能再現。

界山交付界河完成　圖片訊息憑友誼

　　堡在300米高度左右，繼續上行，到頂，遙看北面梧桐身影，山下大廈傍一衣帶水，這是作為界河的沙頭角河與深圳河，不過稱兄道弟級數而已，它西向一路匯流，一路收納不同河水而到海口后海灣，完成界河的歷史性任務。而你亦知道了舊日分界功能，其實就是由這河去完成。

▲ 日軍碉堡，機槍堡。

▲ 日軍建設的洗槍池。

Chapter 05

● 蓮麻礦洞　紅花嶺第二碉堡 ●

「太衡之陽有盤谷，盤谷之中，泉甘而土肥，草木叢茂，居民鮮少……地幽而勢阻，隱者之所盤旋。」韓文公以不過三十字之數，展現了李愿所居地理面貌。今香港紅花嶺之陰，沙頭角河之陽，繞夾盤谷，加上名山環抱，地幽而勢阻，遠處還有人為關卡之隔，非市廛人所能易到。雖不能至，而心嚮往之。固人之常性。此地為誰？

蓮麻坑是禁區，內有綑龍奇堡，神秘礦洞，確實撩動人心，如何可以較易尋探？

▲ 礦洞大廳內洞道縱橫，還有豎坑，錯踏不得，故有強力電筒或頭燈為上算。

▲ 蓮麻坑聞名已久的其中之一礦洞真貌。

蓮麻坑翻半個山坡　訪第二個麥堡探危險礦洞

　　這就是沙頭角河南面，紅花嶺北面的蓮麻坑。邊界多已解禁，惟它雖位處中間，亦被「除外」，仍在「禁區」之列。而旅人之好探奇者，每欲探之。因為裏面有著名警崗堡外，更有現存僅有礦洞，都是非常吸引人去探索。得庸社王新民兄之助，旅聯會長梁文偉更樂於結伴同行，三子遂乘火車，於上水以小巴作直闖蓮麻坑之旅。蓮麻坑小巴班次頗疏，久候未至，鄉人指可搭香園圍線，在村口下車後徒步前往。作者嘗行之矣，未知客意如何矣！

警崗當途阻　從旁越禁區

　　轉搭香園圍車，村口風雨亭落，稍頓，便東向行進，過白虎山路口，掠嚹囉樓山下，已遙見前面有警崗模樣，樹林於右方亦盡，卻有級石供人踏足，乃方便掃墓者用；而王兄已一馬當先躍上，急忙隨之。傍着馬路平行而並非縱向深入，稍過約百米，便於墓隙躍回車路，是村中車路，此地已越過禁區警戒線，並已進入了蓮麻坑村範圍的車路。

▲　前面路邊就是警崗，外人禁入，王兄指從石級上去，穿過墓群，可避過。

進村不入村　從旁再上山

　　前面有村屋，但我們不再沿車路行，左轉向山岔路，進入泥路，經10分鐘叢林，出林。前面仰見高山，即小梧桐，它有支「定海神針」電視塔，這裏看得真切，惜匆忙未能啟機；回望是紅花嶺山脈，即麻雀嶺。山坡上有山界碑，上刻「蓮麻坑山界碑」，是往日常見，今已少見界石矣。

從山這邊　到山彼端

　　上落高崗，穿入叢林，高逾人頭，林下路窄崎嶇。從馬路到此行約1小時，再半小時至山坡盡處，崖狀而有級路，及可藉大樹根攀持腳踏而下，過水坑側警崗，出即得大橋車路，平坦入村，心情舒爽，剛才雖有山路不算難行也。因目的以尋碉堡，覓礦洞為主，不再深入芳村了。眺望蓮麻坑村頗似盤谷，盤谷端的相當遼闊，遠山連亙中，有下陷缺口處，即稍後退歸所必經。

▲ 山上有「蓮麻坑山界」的界碑。

▲ 翻山越林，經攀樹落崖坡後便入村的彼端。

碉堡矗山端　礦洞藏林蔭

　　村口大樹旁有石級路上山，917之數，麥景陶碉堡位於北坡，從下難見，它與白虎山、瓦窰者同屬而略殊，周圍以雙向刺網作防，好事者牽隙廁身探入拍照，三子從之，四顧探奇。後續往山上尋礦洞去，不幸往返再三直至山頂，不獲。因未見當日有多條路標懸掛，原來今回已被人全數清除，誤導以為還未見路口，原來就在距離堡後方不到十步，只是路口頗為隱蔽。立有金屬告示牌的便是。

▲　蓮麻坑山上的麥景陶碉堡，是山上的第二碉堡。

洞中藏奇　奇裏隱險

　　探洞特別危險，除需要強力照明裝備，更需有高度危險意識，特別是礦洞，除洞道縱橫，還有垂直用作升降的直井，這會使大意而勇猛者誤墜，造成傷亡。洞中頗寬曠，有大至可容百人，通道縱橫，洞口多個，引人入勝。盼望治理好些，消除危險元素，甚至化險境為商機作遊覽點。別地遊鐘乳洞，我們遊礦洞，有何不可？只要加點心思便成。

▲　入村後，沿此石級路踏 917 級到頂望到碉堡了。

▲　過坑邊另一警崗，再入村，從廣場側上山尋寶去。王、梁二兄正等待作者拍照。

▲　漂亮嗎？雙鈎鋼網迷到多少人鑽頭入內拍照。

▲　樹蔭下深處，隱藏一個礦洞入口。

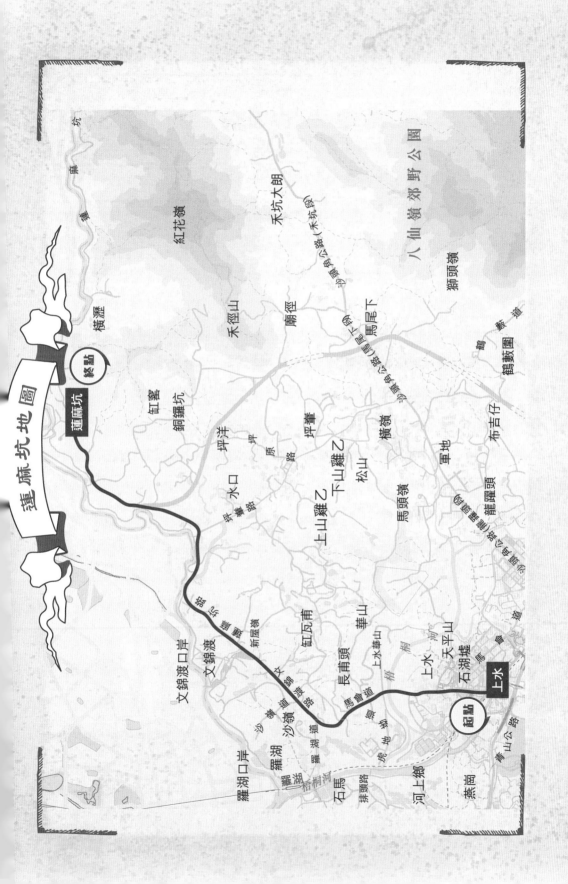

蓮麻坑地圖

Chapter 06

• 白虎山制高點　英日碉堡爭雄 •

　　隨沙頭角六鄉解禁後，緊跟着於2016年3月4日，由蓮麻坑以至打鼓嶺一帶，也解禁了，這些地方，對於慣常衝鋒陷陣，上高山，跨險嶺的朋友而言，肯定缺吸引力，但如提出一個目標性的議題：要橫掃麥景陶七碉堡，或者，逐個遊都好，必要把七個碉堡全都遊過，這就如同前賢李千景所倡議的《必探其極》，就具有莫大吸引力和推動力了。主因它不是孤伶伶一個，而共有七個，各有其地勢，各有其景觀。而其建設目的則是一樣，防止難民、偷渡者的湧入，與及監察中國的軍事動向的歷史價值。

◀ 頗有威勢的麥景陶第3白虎山碉堡。堡內四周佈滿瞭望窗孔，頂上圓蓋如碟形天線。

白虎山　白花山　日碉堡　英碉堡

最東面的伯公坳，是第一個；蓮麻坑山上是第二個；白虎山則是第三個。這白虎山又有名白花山，是一個只有98公尺的矮崗，在面北的坡地上，建造了碉堡。解禁之初，朋友應邀到訪其家，得乘便隨往，當日稍事參觀之後，又組小隊登山探此軍事設施，本人卻未能隨行，只能於遠方目送他們。由白虎山南坡強行而下情況。但未能得悉是否探得堡蹤。

◀ 拾級而上，盡頭是「定壓池」。

▲ 直路到頂是這個定壓池。

級路直至山頂　轉彎可到碉堡門口

於是稍後自行兩老獨力前往，卻是沿級直上了山頂之定壓池，與碉堡仍是緣慳一面。死心不息，另週又再前去探遊，這回在上了第一段石階後，在小平台岔口轉右，再上百步石階，果見鐵欄與長草背後，有綠色建築物出現，這不就是那夢寐以求的麥景陶碉堡了嗎？第一次見到麥景陶碉堡果然有它的氣勢，具有一定的威勢存在。由於地方狹窄，取景角度也受限制。再多拍一張，角度也是一樣，於是作罷。（註：本人是最先訪探白虎山，然後再及其餘的。）

▲ 路盡平台上首見孖堡式碉堡，巍然高踞，頗有氣勢，是日佔時期的建築。

日製碉堡深藏地下

於是轉而四下觀察，發覺另有碉堡深埋地底。這碉堡實際建在從前日軍興建的舊機槍堡側，或甚至可以說，是在舊堡之上，只見槍眼埋在地面之上，幾為泥土所掩，所攝得地面上兩個槍眼，要不撥開亂草，就幾乎錯失機會了。

▲ 初訪者從此路前行，沿級直上，就是定壓池。

▲ 平台樹旁藏日堡，堡下有看守所一間。

建在山崖上的碉堡更覺威勢十足

日建的機槍堡，除山頂上的外，半山上也建了一個，外形更有威勢，更顯得似模似樣，是厚厚的石屎層，機槍肯定穿不透的，橫排幾個槍眼，不是向北，而是向東南的，更能監視上山的來路，是準備和強行登山敵軍作困獸戰的樣子。

▲ 碉堡前面下方，草堆蓋另一個碉堡，僅露出半個槍眼，未能窺全貌。

▲ 到此小平台，注意右方石級路口，碉堡在此盡頭外。

半山警崗叫白花山

半山坡上，有警察行動基地大本營，大門深鎖，門旁一個垂直高樓，似碉樓，又似水塔，不知何用。此山既多軍事設施，何妨把它擬成碉樓的又一格式。

▲ 山腰上有「行動基地」，稱為「白花山」。

▲ 白花山基地內塔形建築。

嘩囉樓變廢墟　但不妨也探尋一下

落回馬路，左行即向蓮麻坑，約半里，可見另一路口，稍入，路下有白色民房一所，不要以為這就是軍用房倉，其實嘩囉樓在上面山坡，據聞多已破敗，因此沒有再上；如讀者腳力好，應該上去查探，取個明白。而街口這所民房，裏面出來的婆子相當的不客氣，不歡迎給她照相，連房子也不喜歡別人拍照。

向右行，就是向松香園方向行，數分鐘即可見到風雨亭在村口矗立着，是供村民候車時休息用。這裏有兩種車可乘搭，一是從蓮麻坑出來的，一是香園圍專線，十分頻密而方便。

▲ 嘩囉樓路口的一間民房。

▲ 嘩囉樓附近大鐵皮貨倉及曾供工人住宿用的鐵屋。

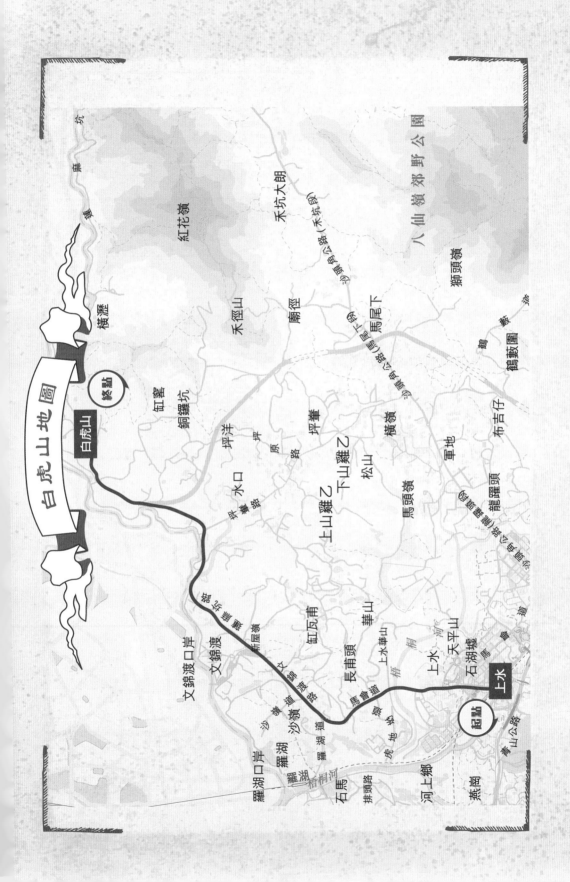

白虎山地圖

白虎山　終點

終點

文錦渡口岸
文錦渡
沙嶺道
沙嶺
羅湖口岸
羅湖
梧桐河
石馬
排頭路
河上鄉
燕崗

新屋嶺
缸瓦甫
長甫頭
馬會道
虎地坳
錦田
大錦
錦路
道

坪輋
坪輋路
水口
坪洋
坪原
路
上山雞乙
下山雞乙
松山
華山
上水華山
柏
桐
天平山
上水加河
石湖墟
青山公路

紅花嶺
橫瀝
麻雀坑
軍坑
缸窰
銅鑼坑
禾徑山
蓢徑
禾坑大朗
沙頭角公路 (禾坑段)
馬頭嶺
橫嶺
坪輋
下馬尾下
馬尾下
沙頭角公路 (馬尾下段)

八仙嶺郊野公園
獅頭嶺
鶴藪圍
鶴藪
布吉仔
龍躍頭
軍地
沙頭角公路 (龍躍頭段)

上水　起點

起點

Chapter 07

• 白虎山下叫香園圍 •

香園圍是白虎山南麓的一條村落，蓮麻坑路就在村口經過，入蓮麻坑的綠色小巴，經過村，有站可供上落，也建了風雨亭給村民使用。也有從上水開來的專線小巴，更直接駛到村內，班次也較蓮麻坑小巴密；講對外交通，香園圍較蓮麻坑方便了。

➤ 入村直路，回望村口風雨亭，頗為雅緻。入蓮麻坑小巴也在亭旁下車。

他們是這樣分上下村的

　　這村一叫香園圍，一叫下香園，給人的錯覺是兩村並無甚麼關係，似是陌生互不相關的兩條村。村民糾正說，香園圍是上村，下香園是下村，實在是「兄弟村」。

▲　村路上直看松香園碉樓的民居。

▲　從下香園遙望村外。

你猜是先有邊條村

　　香園圍是圍村（炮樓組屋），鄉村發展規律，是先建圍村，後期丁源加添，便向旁邊發展。因此，與村民交談時，叩以是先有香園圍，才有下香園？答案剛剛相反，是先有下香園，才有香園圍（上村）。

祖祠亦在下香園
此村先建

　　嘻！我知之矣，萬氏家族來此建村之初，是先佔據挨近大路口的地方落腳，後來者，便選擇較入位置。一般原居民選地發展村屋，都是如此方式。只不明為何把前村叫「下村」，後村叫「上村」，令人費解而已。

▲　下香園萬氏宗祠。

▲　進入村中一景，萬氏宗祠簇新的側影。

香園圍炮樓最吸睛　　加閘便變成「圍」感覺

　　沿着蓮麻坑道口入村路，必然是直入香園圍，而首先必被正面一排屋群吸引，這排屋的後排，更有一座四四方方高樓，從屋脊上崛起，現代人給予個很不錯的名字，叫「碉樓」，顯然已有別於「碉堡」，因它的規格較「堡」稍遜，用的是青磚（已較紅磚堅硬）；它是採用雙層青磚砌建，中間實以泥土，可以防避較重型的機槍掃射，阻擋子彈射進牆內，使人受傷；牆上每邊都有狹窄槍眼，用來從內向外觀察及還擊，勿使敵人靠近受襲。

更樓、炮樓、碉樓、碉堡

　　從前叫這是「炮樓」，也叫「更樓」。這些炮樓，本港現存可以數出的，有瓦窰、鶴藪村、鶴咀村、白泥、白芒、白沙澳，梅窩中共有三座；白沙澳的已與村屋同被藤蔓所佔據了。白泥的很矮，據說曾用以給革命分子躲藏用，免被人狙擊。

客家屋特式　一列橫排　屋脊平直

　　這兩排村屋便權作了圍村，其實也頗鬆散的，之後，便是自由發展的建築，西式的也在後建的出現，祖墓更與居屋並排，毫無忌諱了。

▲ 松香園村屋群，向後面山坡散落。

▲ 前後排屋，中間橫巷設門樓便
　作圍村，實在少有如此的設計。

▲ 客家屋特有形態，春聯還在，碉樓在正中矗立。

兩萬氏祠早時平排　今拆去一座分成前後

　　回走時到路邊有方型風雨亭，對正下香園入口，便轉入過了坑橋，叢竹之後，初探時本是兩座萬氏祖祠並排而建的，今年再去只有「廷宗萬公祠」，其後發現「廷業萬公祠」在原排屋宇中間，正在裝飾，大事重修。香園圍就是由這些萬氏先祖開村立戶。這兩祠顯然是同宗兩兄弟，因都是「廷」字派，故知係同輩，即兄弟，同宗兄弟。下村相當大，非常寬敞。它是先立村，其後才有香園圍。

▲　村口風雨亭旁邊的告示牌。

▲　廷宗萬家祠原址。

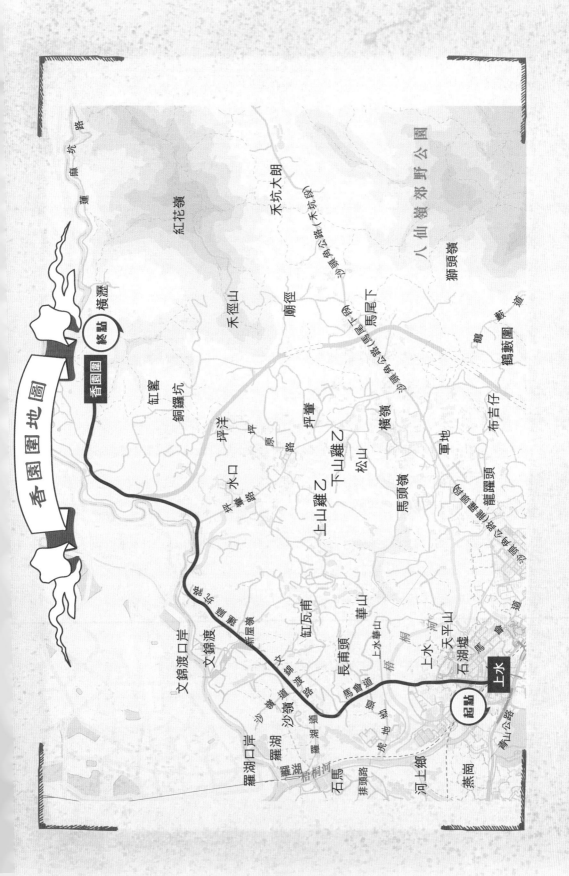

松園下就近設新口岸

　　這村叫「松園下」，留意前一條村是「香園圍」及「下香園」，幾個堆在一起，很易使人混亂和忘記。

▲ 從上水來的巴士就會停在村口旁邊。

往時定位取向　今日眼光不同

　　松園下的地理位置，實較松香園優勝了，這是從今天眼光和時代轉變了來觀察所得而言。若還停留在剛開發階段環境來比較，必然是松香園優於松園下。因為初期，人口剛從大陸遷來，先到者必然以較近來者原居地，越近而認為越理想，取其往返方便之故。及到新開發地日漸成熟，所居地段便以越接近開發中心，而越加興旺方便而越優勝，亦屬必然道理。

遠離就近　字淺義精妙

　　松園下後至，遠離而就近，今日所見，通入市中心上水的巴士站，就設在村旁及村口，近松園而遠香園，這就是看事物的「辯證法」。

▲　圍牆外一個休憩亭，左右對稱圖案美觀。

49

又關「辯證法」事

松園下初接觸時便給人好感，它在主要公路旁，兼在轉彎路側，是當路要衝。因建設需要，村外圍地台都把地面抬高了，間接是把村屋群放置到較低位置去，恰恰使它像隔離市廛一個屏障，路上聲音從上面飛走，樂得清靜。

樟樹一百歲　村齡相差不遠了

入村後有大片空地，七彩繽紛的遊樂場，圍欄椅桌，感覺開揚舒適，場側用石台圍護了一株百年巨樟，片片似鱗的樹皮，毫不隱藏自己的逝去歲月——這村也該有百年以上歷史了。樟樹甚有功用，所作傢俬櫥櫃，能防蟲蛀，其葉揉之有香，令人神爽。樟樹和榕樹都是鄉村常種的「風水樹」。

圍牆只向祖祠繞　如今圍牆又一新

廣場當眼處有祠堂，外牆圍繞，舊時圍門開於牆角，有門聯書「保一圍吉慶　佑四季平安」，額書「松園村公所」。今日舊牆已拆建經過改動，門移正中，聯照舊，「村公所」數字卻沒有了，內裏是「何氏家祠」。杠書保留了舊日風貌的照片，作歷史傳證。

▲ 何氏宗祠裝飾一新，連圍牆入口也改動過了。

▲ 松園村圍牆內的何氏宗祠及村公所建構獨特，值得細看。

村舊了　不見朱顏改

　　沿街直入，仍是舊泥磚屋當道，不過已執拾企理，冇碎磚爛瓦，亦不見藤蔓；稍行進，舊式房子的窗簷泥塑，仍穩固地黏附在牆上，仍可見舊時風采。人丁不見興旺，因破了的屋不見有重建跡象。另街有美麗花園房子。

▲ 這「橋芳家祠」，沒寫姓氏，不知是何姓。

村老　廟細　地圖有註

　　村內有天后廟，地圖有註。尋之，沿村側大坑邊入，盡頭處有小屋，內黝黑，不敢進入，在外拜別。路上有另一祠堂，於祠聯估不到姓名，亦無標示姓氏，只寫「橋芳家祠」。

▶ 松香園的天后廟。

▲ 村內的房屋古色古香，門簷有泥塑，是罕有的古物。

位在松園下　卻叫香園圍口岸

　　在松園下可遙望到白虎山西脊，初探當日，另組人就是探堡後於此方向強行落山，返村會合眾人之處。村口今已建成龐然巨物建築，是「香園圍口岸」，也就是昔日菜園村遷村爭鬧不休的地方，今天仍未開放，稍後此地人流眾多，十分興旺，故村口今已示「閒人勿進」。今我等已進入，是無視警告了矣。

▲　香園圍口岸就在松園下村口對面（昔日菜園村）。

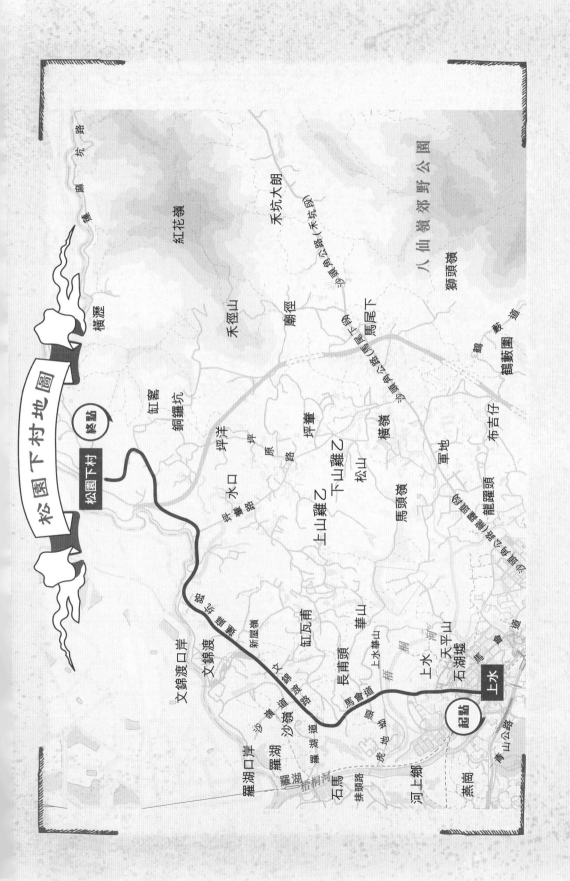

松園下村地圖

終點　松園下村

起點　上水

文錦渡口岸
文錦渡
新屋嶺
文錦渡道
沙嶺道
沙嶺
羅湖口岸
羅湖
羅湖　梧桐河
石馬
排頭路
河上鄉
馬草壟道
虎地坳
長甫頭
缸瓦甫
上水華山
華山
梧桐河
天平山
上水
石湖墟
燕岡
青山公路

缸窰
銅鑼坑
坪洋
水口
坪輋路
上山雞乙
下山雞乙
原坪路
坪輋
松山
馬頭嶺
馬頭嶺
軍地
龍躍頭
龍躍頭
布吉仔

紅花嶺
橫瀝
鍾麻坑路
禾徑山
廟徑
禾坑大朗
橫嶺
沙頭角公路（禾坑段）
沙頭角公路（馬尾下段）
馬尾下
鶴藪
鶴藪圍
鶴藪道
八仙嶺郊野公園
獅頭嶺

Chapter 09

● 僻遠古村　出功名　出名人 ●

本應是由打鼓嶺車站銜接，卻因上了小巴，路線不同，司機先生亦十分殷勤，把我們載到週田村口。

逐水而居　黃河民族　西方文化

瓦窰過後，便是老鼠嶺、週田與鳳凰湖一帶村落，這堆村群都沿着深圳河附近而建，或者沿着今天叫平原河而建，可見我們的老祖宗、黃河民族，就是憑黃河養活下來；今天我們沿着這條禁邊河而行，內心又不禁湧起更遠的浮想，在西亞流淌着的幼發拉底河和底格拉斯河，所孕育出來的，不正正是西方文字的原始文明嗎？埃及人沒有尼羅河，基沙金字塔樂蜀遺址肯定都不會出現了。人與動物，都是逐水而居，與河流生活分不開的。

▲ 蓮麻坑路口的路牌，引你入村去。

深圳河畔　平原河邊　民賴以活

今天，深圳河經多年整治，都成了寬闊平底，中有流水坑的溢洪河，復因流水不多，養了青青綠草，尤以平原河為甚。它於此流入深圳河。過河橋，行不遠，路牌出現：老鼠嶺、週田村和鳳凰湖村，還有打鼓嶺嶺英公立學校。於是沿馬路轉入，這些都是邊界村落，頗多令人注目亮點，不好忽略掉了。村口是一叢大樹林，有樹林陰翳感覺，有橫路相接，是往嶺英學校所在。校藏於山腳密林中，面對大操場，現敷海藍色，開門可進入操場，進行正面拍照（往日從欄外側拍而已）。嶺英即村內週田學校的擴充版，著名男拔萃已退休張灼祥校長，即曾負笈於此。張的父親亦是嶺英創建學校元老，鄉人皆識，亦甚敬重。因系出名人，成為此區名校。

▲ 後面兩白色高樓是嶺英公立學校擴建的新校舍，背後高山是老鼠嶺。

點綴三春田野媚
化生萬物風雨調

入村，先有土地公相迎，再為廣場，橫排列屋相對者，即圍村，村有杜、黃、楊三姓，中間小門樓為杜氏週田圍門樓，面對古井一眼，圍有門聯書：

周年雨順風調化生萬物，

田野花明柳媚點綴三春。

入村每喜讀其對聯，因村人而能寫得如此超凡脫俗，十分難得，因此值得給十個LIKE！

▲ 有幾百年歷史的土地公。

▲ 週田學校原址。格式少有如此古雅佈局，何妨保留做古蹟。

御賜太子少保　頂戴御前侍衛

　　圍樓廊內有「武魁」皇上御賜牌匾，是光緒三年鄉試（即省試）中式，位列太子少保（師傅）頂戴御前侍衛，僻野荒村而有此高規格功名，殊堪令人敬佩。圍村中軸一行，橫排十巷，不算細村。直出外側見古屋一幢，週田學校舊址也，此校舍宜入古蹟名錄。式樣古雅質樸。

▲ 圍廊內高懸考取「武魁」牌匾，即是功名入圍。

▲ 週田杜氏圍村圍門入口，前有古井，並有抽水泵。

▲ 蕭氏宗祠門聯，有腳門。旁邊的屋亦有泥塑裝飾。

平原河畔
鳳凰難覓落腳處

　　由村小路通往鳳凰湖。村屋佈置鬆散，中心廣場有村公所，亦有聯，但不堪一讀。看來富有，而內缺文采，此人之可悲哀處。如某國雖富而大，但可傳歷史不多，哀哉？有客家式排屋，空置；有一門樓，私家入口，門樓上置一拆自舊屋泥塑窗簷，成特有裝飾，亦愛護古文物及活用古文物最佳例證。村口有大古井，旁有社公，皆百年以上舊物，不要錯過。

▲ 客家式排屋。

▲ 李氏宗祠。

李屋雖細
難得有「彥斐」

　　村路蜿轉，頗饒佳趣，行到「李屋」，佛偈石壁已清除不見，廣場樟樹因風要削枝，樹香滿袖。彥斐堂仍黑黝黝縮立群屋中。李屋看似細，其後屋群眾多，不要小覷。公路連接巴士路線出上水站。

▲ 鳳凰湖村口旁有一口百年大水井。

▲ 彥斐堂私塾，想起四五十年代的裝飾風格。

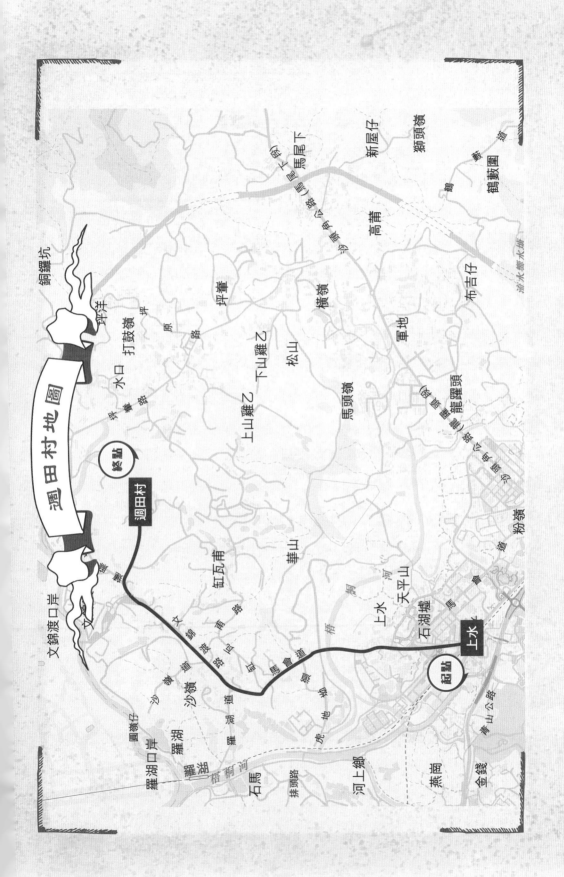

Chapter 10

瓦窰村找到孖窰　打鼓嶺英第四堡

　　我的私淑導師教導我們，要窮遊極探，要有「腳識」。其實白虎山碉堡如是，馬草壟碉堡也如是，雙孖鯉如是，瓦窰又何獨不然？

▲ 麥景陶第四碉堡近影。

做事有無決心
看個人如何要求自己

　　明知這瓦窰村內有瓦窰，怎會放過？但是尋探並非一帆風順，端看個人有幾大韌力，有幾大決心，更重要的，我看每個人對旅行這件「事」，放有多大的意義在裏面。只抱得過且過的，幾難對這些人有甚麼要求。從李君毅千景堂主木人巷打出來的，自有一手根底，差極有限！

▲ 多層深進式洞門仿如聖母院哥德式建築。

▲ 再尋找到的古窰窰身狀況。

▲ 古窰近況，最近上探氣孔的情形。

61

▲ 大屋與碉樓相連。瓦窰主人，也是大屋屋主。

尋探實錄　具有切磋意義

　　我寫些遊記，為甚麼總把尋探過程寫下來？因為我想告訴大家知：「不入虎穴，焉得虎子」、「事非經過不知難」、「事非耳聞目見，而臆測其有無，可乎？」蘇東坡語。那些跟着別人走的，行不記程，路不知路，過程如水過鴨背。

入探四五回　路熟似回家

　　第一次路過，不知有窰，想入村，惡犬圍吠；第二次，聽說有窰，也有村民指點，但村民似不大歡迎我們這些外來者，但她已指明，不是破爛，就是埋在樹林裏。「哪裏呀？告訴我，或者帶我去？」她回答：「下面啫，樹林裏我哋都不知

▲ 最近影到的碉樓面貌。

喋！」再一次去，希望找另外人，誰知全村不見一個。再一次去，幸遇警車巡更，而他竟然帶我一程，指出正確之路。

好心有好報　皇天不負有心人

　　天佑好人，天佑肯助人之人。天也佑有決心之人。在蕉林果樹濃蔭之下，撥開藤蔓，洞門出現，嚇了一跳，歐洲遊的感覺竟然湧上心頭，因眼前出現的，竟是與數月前遭逢大劫的巴黎聖母院大門，何其相似。拱門上一圈圈青磚，一層層遞進式深入，那種哥德式風格，何其相似，竟在這裏出現。鄉下人該未到過巴黎，未到過歐洲吧！怎麼會懂得這種建築形式呢？這是哥德式建築呀！

案頭談窰史　件件自己燒

由於要出這邊界路線集，近月再去，蕉樹更密，入探時夜雨過後，地下坑水成窪，一腳踩下去，水咕嚕入鞋，相當狼狽。這回再訪時巧遇好心村民，大方地說：「隨便探吧，不過林密，會把路掩蔽了。」當我轉到上路，擬去探窰頂大圓形氣孔時，正在猶疑之際，突然有聲發自身後：「找到那窰嗎？」回頭一看，正是剛才那位好心人，叩問之下，原來他姓江，窰主的後人，窰是他爺時代建造的，不止燒瓦，所有建屋的磚都是這窰燒出來，他指着地下的亂磚，和大屋後的更樓，是阿爺建的，上面的幼坑眼是槍眼，從前還有泥塑在每個坑上面。

▲ 瓦窰內的小巧天后廟。

▲ 瓦窰爐之珍貴處，在於它仍然保存完整，從頂端窰洞可見，有樹根繞洞口而過，可知歷史不短，更見珍貴。

拗贏窰主
兩氣孔原來是孖窰

我問是兩個窰在裏面？他說一個。我堅說，泥崗上有兩個通氣孔的。窰主江先生後來說：「是兩個氣孔，是孖窰。」我問：「既是窰主，我可否向古蹟辦建議作文物保育。」他說可以沒問題，不過地是公家的，看官方怎麼辦吧！如此，那問題應是不大了。是報了，答覆有研究價值。但願別叫人空歡喜一場。大的怕麻煩，小的不想做。

● 新屋嶺近禁區邊　木湖有圍有廟 ●

　　文錦渡，這些名稱決不會在我們生活中出現，因是禁區地帶，與我們無緣。卻想不到，自千禧年而後，卻常常上落這些路線的小巴與巴士。

文錦渡關閘早拆　蓮麻坑道好長

　　文錦渡車沙嶺路前後不久，出現關閘，但來不及拍照經已拆除；大水管於路旁時隱時現，近廣場了，這是分道揚鑣的訊息，轉左便入文錦渡檢查站，轉右便入蓮麻坑路。這蓮麻坑路真長，一直沿沙頭角河直透入蓮麻坑去。

新屋嶺村門樓　它叫做新屋居

　　分岔路口有文錦渡巴士總站，旁邊有條村，叫新屋嶺，而這村有個門樓，卻叫「新屋居」。從門樓進入的話，右方是休憩亭園，許多高架建構，像亭一樣，下有枱椅，看來頗舒適雅緻。上一層台階，屋群並排而立，面向蓮麻坑路，有窄巷可縱深前行，屋群後仍有屋。

▲　新屋嶺村門樓上的「新屋居」。

有門樓卻非圍
屋群比較錯落

　　門樓的左方，屋群比較鬆散疏落，屋向不一，有張氏家祠，後有題「宇勝堂」的，稍左方是高台，有車路從馬路可直達，新屋嶺村公所穩據其上，面向文錦渡路。

▲　新屋嶺村公所。

木湖善用環境
製造天然屏蔽

　　過馬路約行半里，闊大馬路口豎有木湖村路牌，便沿路進入，木湖是頗大的村落，路彎而有欄，右有密樹，左有鴻溝，從街口望之，頗覺隱蔽。入則覺開揚，有別具洞天感覺。是利用天然環境作屏障，先民一種生活智慧。

▲　寫著木湖村的路牌。

▲ 廟齡不淺的天后宮，不知與烏石角誰古老點。

▲ 「鳳翔祖軒」名堂已不俗。再看對聯，更是獨佔鰲頭，捨我其誰！

▲ 天后廟內稍見有破舊現象。

▲ 圍巷直入為「三和堂」，供奉祖先靈位。

金飾黑鐵閘　帳幕罩火龍

疏網圍帳罩着許多大桶，種的都是火龍果，粗壯的枝條每根都綴上一顆鮮紅的果實，都用防蟲紙張把它包着，是黑鐵閘金油漆的豪華莊園，路旁種了一列賞葉老樹盆栽。

蔗絞變小桌　可見夠巨型

村口小角擺着一個蔗絞作台的休憩處，還有四張粗形石櫈。這蔗絞，知木湖有兩台，即有四個這樣的石輪，稍後就會見到。連接着是一列主屋群面對的廣場，屋群面向文錦渡方向，沒有池塘，沒有田野，只有荒草。遠方是深圳的大廈和房屋。

▲ 新屋嶺內有木架亭園。

圍門細細個　屋宇縱橫列

別以為木湖不是圍村，原來屋群中一間不顯眼的小屋，就是「圍村」入口，軸心直入是村的家祠，杜姓，是與週田有兄弟村關係。圍分五排橫巷。還有「向西」在華界內，是三兄弟村，因劃界分開了。

▲ 木湖原來有圍村一縱五橫，和週田、向西為兄弟村。

再入村屋散亂，圍村後建設每多如此，少有如荔枝窩般有條理，有始終。天后宮建於村末，門前並排三台蔗絞齒輪，仿如天后祭品，它們就是與村前的一台合四個為兩台蔗絞。且台型巨大，知為產蔗製糖之都。廟舊而失修，但地圖有註，故不應忽略。

▼ 蔗絞巨型石輪。

出廣場圍門對看有車路下行，以為可尋得河畔事物，誰知是車路，左行似有警崗隱現，遂止右行瓦窰，故返村沿文錦渡路乘車。

▲ 三台石絞，恰似三炷供香。

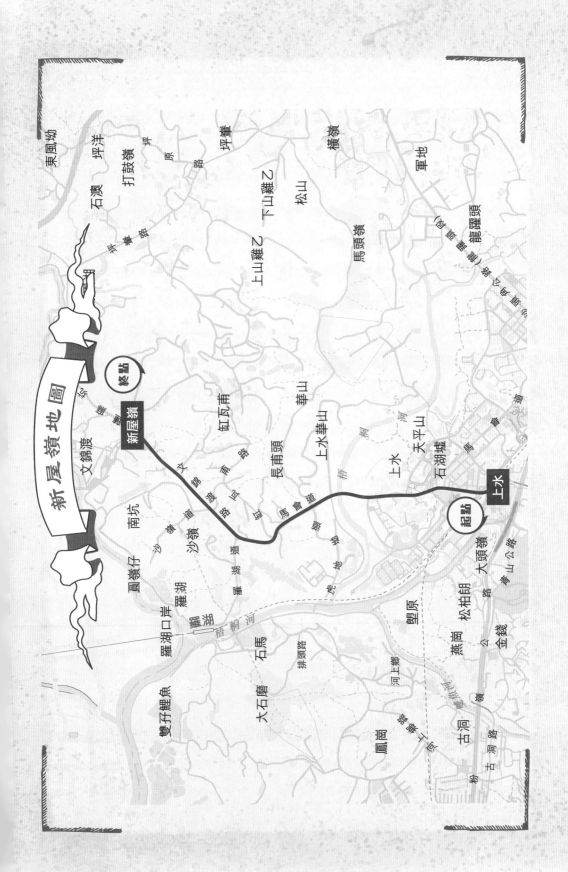

Chapter 12

文錦渡南坑第五碉堡

墳場大建設　墓穴擁周圍

南坑碉堡，是麥景陶七個邊區警崗中的第五個，位於文錦渡沙嶺的60米高山崗上，由南坑及沙嶺村路均可上到。因沙嶺屬墳場區，一般人不愛提及這名稱，而只叫南坑碉堡，文錦渡之名同樣被人忽略及忘掉。

▲ 沙嶺墳場區。

小梧桐　大梧桐　麻雀嶺　蓮塘　打鼓嶺堆填區

▲（右）麻雀嶺，（中）梧桐山，（左）羅湖樓，讓港人開開眼界。

初探即碰壁　大閘擋人行

　　今年初從文錦渡依地圖兩老親往試探，從文錦渡路落車，路邊確多東江水大水管在路鋪設，路口有沙嶺村路牌，但直入過一些停車場後，即有工程閘所攔阻，人員答稱因工程封閉，不能通行，求以只上去拍照兩三張便走，亦不為所動，並說，上到去亦拍不到照，因板障圍封了。結果廢然而返。

▲　深圳市貌。

▲　田園景致。

▲ 遠方山下是深圳。

▲ 羅湖海關大樓，下深圳河環繞。

葉兄不棄　伸手相援

歸來後，廣徵朋友意見，得葉兄
說曾去過，但需在相片庫中尋找，得
葉兄不為所棄，最終回復找到了，並
傳到我手上。當我說明用作出版，需
用十餘張之數，回答是「任隨尊便，
無須計較。」感恩！

▲ 行山友努力地上山途中。

▲ 葉兄在山上小休。

點明去路　有勝於無

難得的是並指出非在掃墓時節前去過，若在封閉期間，還是從文錦渡路入沙嶺村路，沿軍車路上到盡頭，仍見警崗在園嶺仔上。入口被封鎖，則文錦渡路轉入福建墳路，後有小山徑，登上沙嶺（129米），向東脊行，便接落這個警崗（麥景陶南坑碉堡），若在掃墓開放時段，還可落山腳的魚塘，繞出羅湖聯檢大樓，在大樓禁區內接出福建墳場，返回文錦渡路。

體力原不濟　無力再試行

平日前去，只能文錦渡路、福建墳場、南坑警崗，因體力不能再作試探行走，只能作罷了。然後折回。（特別鳴謝葉兄圖片與文字訊息提供。）

麥景陶碉堡（南坑）

打鼓嶺南坑麥景陶碉堡是邊境七座麥景陶碉堡之一，碉堡位處羅湖附近，可密切監察邊境的動靜。碉堡于一九四九至一九五三年間建造，當時有大量難民由中國內地來港，令警務處處長麥景陶決定在多座主要山頭興建觀察哨站（碉堡），加強邊境的防衛，昔日碉堡日夜均有人駐守，肩負堵截非法入境者的重任。

所有麥景陶碉堡均以鋼筋混凝土建成，有一致的建築風格，設計和布局碉堡平頂呈三角形，頂角，位置為兩層高的圓形瞭望塔，左右兩翼的一層高建築物成三角形的兩邊，瞭望塔及兩翼均為平頂，瞭望塔頂部呈圓形或八角形，兩翼上則建有具防禦作用的矮牆。

此建築物已評為二級歷史建築。

麥景陶碉堡（南坑）告示牌。

南坑麥景陶碉堡。

Chapter 13

● 梧桐河放水截流悉心利用 ●

　　梧桐寨很熟悉，因有一條瀑布；梧桐河有點似熟，但想落又不很熟。到底是怎麼個樣子？未曾親身踏勘，不能下判語。今天就去一趟吧！

▲ 圍牆高高的覲龍圍，外貌完好。

▲ 龍躍頭新圍入口處的林蔭大道。

我們從龍躍頭出探梧桐河。有78K
巴士途經,十字路口中,龍躍頭鄉公所對
正圍村大路口,一條林蔭大道陰涼好走,
老榕的氣根隨風飄着,葡萄的簇簇翠綠花
鬚,風華正茂,似為能完成盛夏的結果任
務而歡笑。斜坡上高壓電杆串着成疊絕緣
子,警告途人切勿玩忽走近,它可傷人。
宣道園在圍欄內高台上,搭了上蓋,佈了
桌椅,飄出了烘焙多士和咖啡誘人的芳
香;塑料遊戲器具,五色繽紛,吸引幼
童走進去,爬上爬落;供成人玩的結繩網
架,在草地上排成密密的陣式。

▲ 宣道園內的活動設施。

圍門細細　炮樓大大

　　觀龍圍（新圍）的小小圍門，張開強大的兩翼圍牆，形象有點似那小小蝙蝠頭顱，旁邊卻有兩張大翅膀一樣。莊嚴、堅固的外牆，包裹着的是鬆散的房屋和頗多破爛的空置的屋架，有點外強中乾的感嘆。

聞名不見面　見面勝聞名

　　轉彎不遠路橋橫跨河上，這就是聞名而不常見面的梧桐河。過橋而直入是小坑村；沿橋口支路斜落，便來到梧桐河的右岸。梧桐河是一條由東向西流向，然後再集支流，北流入海。我們現在是從中段河道由東向西行。

▲　梧桐河道寬闊，就是少了點水。

河道修治好　堤岸亦整齊

　　不要被舊印象影響，不是亂草夾途的原始山路，它已經是一條可行車的馬路，寬闊平整，不愁崎嶇，不愁會有突出石頭或樹根絆腳；河畔有鐵欄，鐵欄下種滿常綠灌木；行人路之旁是單車徑。很快便出現一個不錯的憩息空間，風景亭和枱椅，外加成排石柱點綴。河上白鷺不時駐足視察魚兒動靜，與岸上垂釣者比賽着耐性。白鷺是為養活自己而迫不得已，垂釣者卻釣起了大魚也把牠放回河中。難見到少有的這般瀟灑。

➤　進入河道不遠，已有雅緻的亭園枱椅。

▲ 華山下的村莊，最近者為小坑村，再為石湖。

釣者觀魚　行者望山

河邊田隴後都是鄉村，小坑村、石湖新村、華山村，一堆堆自然村落，世世代代生於斯、長於斯，背靠的就是華山，這華山像梧桐河一樣，從高峰的東端，逶迤西走，頂築石徑，也就是我們把它形容為「萬里長城」的那條石徑。而今天，卻在山下全面地橫看了它的尊容，這不失為此行中意外的收穫。

彎曲成坦道　夜幕添明珠

梧桐河岸，舊印象是九曲十三彎，如黃河一樣，造成很多河套，產生很多沃土肥田；修治的結果是把突出的咀角都裁得平順，河道變得寬闊，彎曲變成平直；並都在堤上豎了太陽能LED燈照明，桿頂的收集太陽能板，只當紅日低垂，夜幕初張，便釋放電能，冥想着它能否勝似永遠讓世人謳歌懷念的泛藍的多瑙河，讓一段段的街燈齊齊放亮，把整條梧桐河，都像鑲了明珠，那景象倒叫人驚嘆的。

獨是梧桐河　留與今人去

　　威尼斯只有房屋從水中升起，貢多拉船夫哼起了民歌和情歌；長江的滔滔江水，詩人詠嘆着大江東去，浪淘盡英雄人物；黃河被詩人與歷史掛上鈎，縱從天上來，逝者如斯，奔流不返。獨是纖柔的秦淮河，詩人不屑，留給那慣用柔弱、淒惋的詞人去玩味。我們梧桐河，當是怎樣的一條河呢？

　　華燈初上，夜幕低垂，萬燈齊發，兩旁食肆，忙碌應對客人，等不了的人客，已自行添酒揀肉，豪氣萬千。河中花艇，情話雙雙，遊人如醉，是秦淮河？是多瑙河？是塞納河？威尼斯的城中河？

▲ 成列鑲着太陽能板的燈柱，點綴着梧桐河的兩岸。

▲ 村後華山高聳。

▼ 山嶺逶迤，「萬里長城」就是鋪在華山山脊

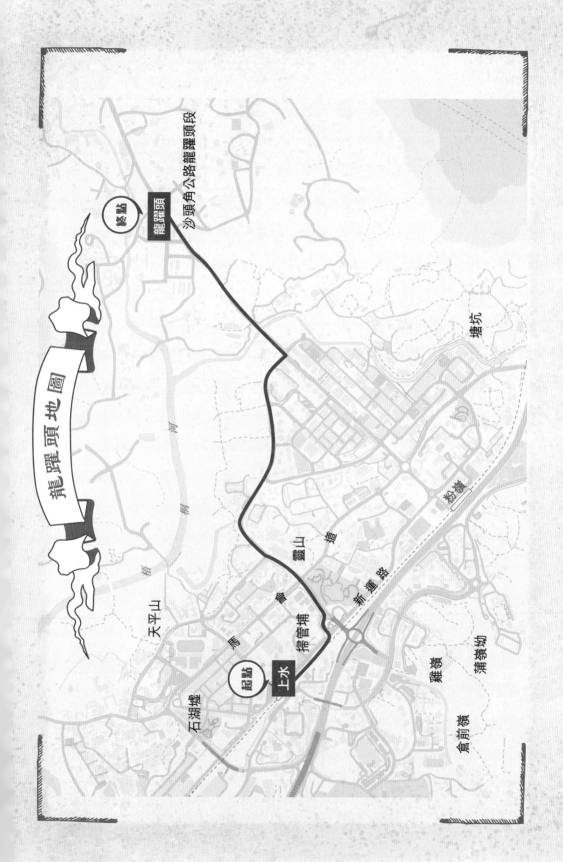

Chapter 14

• 坪洋村封邑賜姓　見證香港舜帝後裔傳人 •

　　姓有所源，大都泛指，獨坪洋陳氏，祠堂標稱宗姓本胡，因封於陳國，遂以陳為姓，相傳至今之香港邊界旁邊之坪洋，卻因鄰近邊界而少受人關注。

▲　坪洋村陳氏祖祠，對聯已標出源自胡姓，被封於陳國，以國為姓，後人以此標榜者乃香港首見，故非常珍貴。祠堂門樓亦少有的華麗。

▲ 北望為山遮擋，南望是郊野鄉村風貌。

香港有一條和中國接壤的邊界存在，這邊界不是今天開始，而是百年前由英國與中國制訂。這邊界是從菜園角、元墪山的小村起，一路有條公路，隨着紅花嶺山脈下的地形，也傍着一條沙頭角河；這同樣作為分界線的沙頭角河，過伯公坳後，接入深圳河，入蓮麻坑而到落馬洲去。由於兩地制度差異，邊界附近也變成出入受限制的禁區，這禁區成了愛旅遊人士禁地。

坪洋村姓陳　陳是封邑國

六村開放，便急不及待往探，但都是較粗略的，其實有些地方，不乏需下功夫細探，就如沙頭角道上入坪輋道的坪洋村，裏面大有文章，不容錯過，於是能有所穫。

出口左右　留意哪邊

上水火車站，外接天橋，通到上水廣場，進入廣場，行到最尾的扶手電梯口，落到巴士站，79K位於中間位置，是往打鼓嶺線，十餘分鐘一班，過坪峯花園後坪洋路落車。

大路樹搖風細　不再只是市廛

沿坪洋路入，兩旁濃綠林蔭，使人特感清涼愉快，房屋錯雜，亦耳目一新。過信箱亭後，有大建築物圍於樹網後，趨視原來是被荒廢了的「坪洋公立學校」，建築仍十分堅固，面對球場亦完整，只是滿庭芳草，感覺有點淒涼。網外路口，一株被砍掉仍蘗出枝葉，還長出大朵白花的文殊蘭，從幹徑之粗近呎，可想像此蘭已生長了不短的時日。

◄ 村路上一家百車吊臂高舉場面，頗為壯觀。

▼ 坪洋公立學校禮堂舊址。

▲ 村內多新屋，典雅舊居棄如敝屣。

村前少見伏虎　諒與風水攸關

入村前，村口有伯公神社，有對聯：**伯公常施福澤，公心善解紛爭**。旁邊是一座少見的「趙元壇伏虎罡座」，座前聯曰：**龍吟紫氣登金榜，虎伏溫馴任遣差**。

每層一種風格　恰似文藝復興

村屋都很新，從建築選料上，村民想盡量展現對美學的愛好，炫耀他們的所知，更重要是他們擁有財富。我們旅行人絕不妒忌，而是從所見所感，提升自己感知判斷力，時作比較，自然有所增益。

陳由封邑來　孔子餓於陳

　　一座巍然聳峙，古風盎然建築，使人眼前一亮，是村中重點建築：陳氏宗祠，與常見宗祠很有區別，門口作三層式飛簷門樓，中層開雙孔窗眼，四條大紅柱矗立，兩側石刻金書：**胡公世澤，潁水家聲**。從祠聯已隱露陳姓由胡氏傳來。昔日先祖乃舜後人，胡公滿助武王打敗殷，建國後，賜封陳國，族人乃隨國為姓。此乃已見於周朝，故族源甚遠，亦引以為榮。此行親證千年封建史實。

◄ 陳氏宗祠內觀，大書「福祿壽」三星。

神針敲響石　奇果叫熱情

　　村後石屎路遇涼亭，從門樓上《踏步徑》，頂有台，山後深圳方聳出「定海神針」電視塔，台中有兩組叮噹石。試敲後叮然有聲，落級再左探禾徑山村，山隈盤地，引水成村，探訪村民自得其樂生活，哪管外側大興土木。路過小村，更見本地出產之熱情果，市上有得賣，果香襲鼻，酸甜清新，又叫百香果。

▲ 奇香撲鼻的百香果，山後小村有栽種，與奇異果相似，藤蔓纏生。

坪洋村地圖

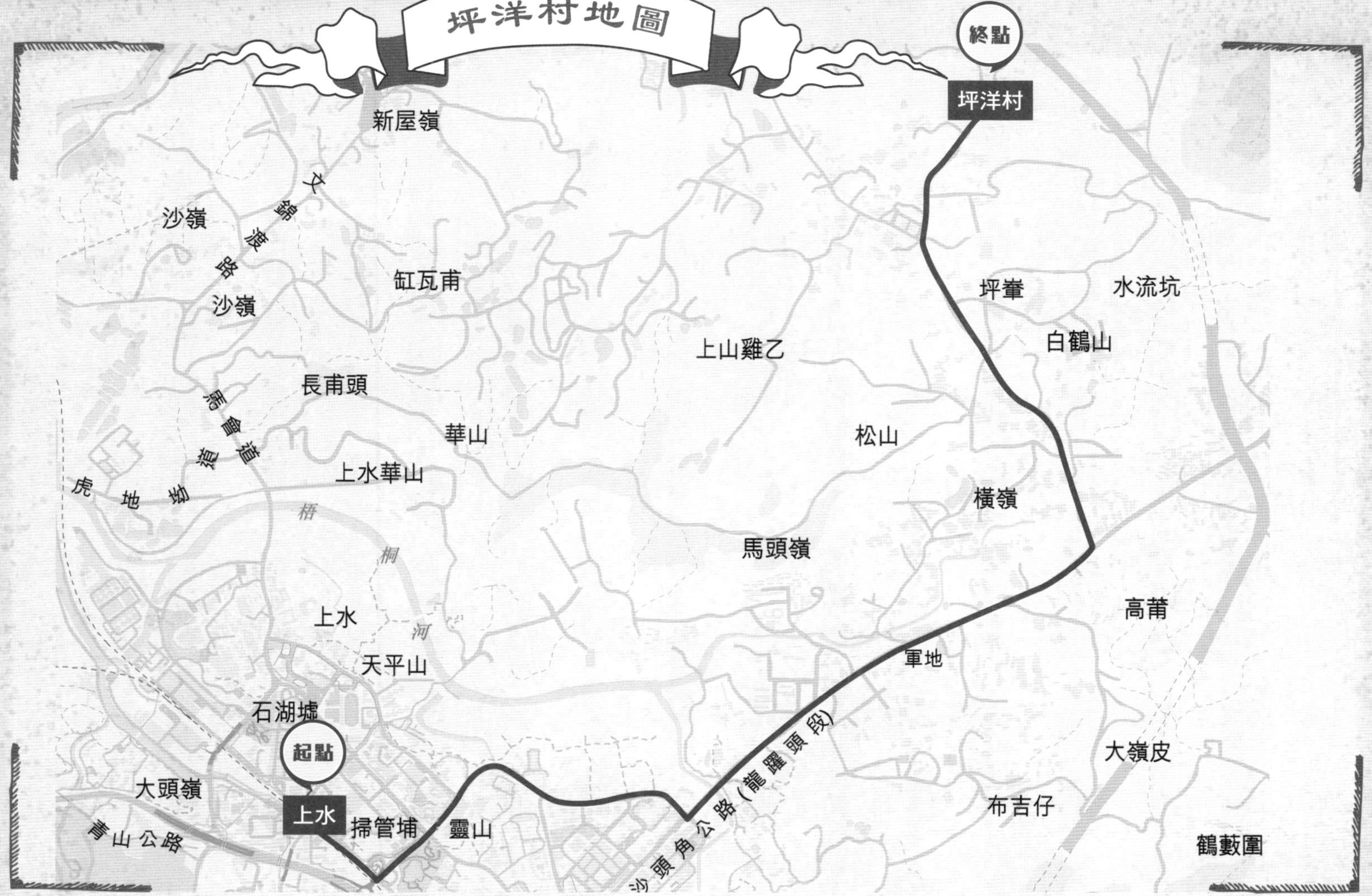
終點
坪洋村
新屋嶺
文錦渡路
沙嶺
沙嶺
缸瓦甫
長甫頭
馬會道
虎地坳
華山
上水華山
梧桐河
上水
天平山
石湖墟
起點
上水
大頭嶺
青山公路
掃管埔
靈山
上山雞乙
松山
馬頭嶺
坪輋
水流坑
白鶴山
橫嶺
高莆
軍地
沙頭角公路（龍躍頭段）
大嶺皮
布吉仔
鶴藪圍

Chapter 15

● 大石磨成英軍據守邊界高點 ●

　　大石磨，作為最高點的英軍邊防營地，屹立於大石磨山脈上東北邊陲，長久以來為英軍監察華方軍事動態，特別監察一些非法走私與偷渡入境的活動。因為長久以來用作軍事用途，故大石磨這河上鄉後「靠山」，也幾乎令旅行人士忘卻它的存在。而這些軍事禁地，也如綑放在紅花嶺上作禁區界線的刺網一樣，嚴禁市民進入。

▲ 在料壆坳上遠眺大石磨山上的通訊鐵塔。

一直英軍守衛　閒人不得擅進

自一九四九年，麥景陶警司在邊界高地，連續建立七個監察軍事碉堡，使大石磨警崗更形重要，它配合了文錦渡與落馬洲兩翼，起聯防的樞紐作用，故此仍由英軍駐守。

組合碉堡　成犄角勢

在地理位置上，它與深圳羅湖，只一條深圳河之隔，至於與文錦渡、落馬洲碉堡及山下警崗連山咀前方上（雙孖鯉魚）警崗，則起犄角作用，而大石磨上方，顯然立於領導指揮地位。

過河上鄉　直上大石磨

前往大石磨，由虎地坳方向可以穿火車橋底越石上橋入，也可乘小巴經青山公路，古洞段入河上鄉路，過牌坊排峰嶺路入，小巴有兩線，一線只到村祠堂，一線直抵懲教署門口。後者下車後過羅太豆腐花店門口，稍前行，左方有路上山，但頗斜企，並有筷子路痕跡的，就是上大石磨去。此路從前是筷子路，中央長了草，後來填了石屎，成現今樣子。

▲ 大石磨村屋之一。

➤ 羅太豆腐花，深受食客歡迎。

長命斜三四十度
間中有平坡舒緩

行這條山路，不愁野草遮途，不愁泥路，全是石屎，一路到營房邊。只要向前面的高處行，有些地方只有30度左右的慢斜，行一段後，便有平坡幾十米，也足以讓雙腿有舒緩作用；兩三段後，望見一條斜路從上面直衝落來，這是最勁的一段了，它有45˚的斜，而且較長，即使轉了彎，還是要再上一段。續後這段較短，很快便上到平台，接到營房梯級下面了。

▲ 山腰上已望見鐵塔高聳。

▲ 上完樓梯，走到屋頂通道。

樓梯、走廊、樓梯
再上到在樓頂上走

一座頗有氣勢的營房，居高臨下俯瞰着。樓梯盤旋在樓外，走完一段梯，接走一段走廊，再上另一段梯，如此走三段便走進屋頂上的平路，接入山坡，上面便是架設了接收電波的碟形天線的鐵塔。這鐵塔在遠遠的對山碉堡也可望到。

◀ 通道都已長了長長的雜草。

▲ 碉堡的窗眼都是面向北方。

▲ 這是碉堡內的一面。

▲ 望向山下，瞭如指掌。

英式碉樓喜圓形蓋頂　與七堡同類

　　鐵塔位於山頂的東北角，塔下北方有半圓頂蓋瞭望台，內部寬敞可以數人走動，塔的西南方，屋頂平地上有大H字，是直升機坪。也是唯一有直升機坪碉堡。

▲ 唯一有直升機坪的碉堡。　　　　　　▲ 方型主體，還是要加個圓形的。

雙魚雙孖鯉　不忘雙孖所在

　　「縱目」四顧，景色寥廓，俯瞰對岸，一目瞭然，山下山巒起伏中，西北角料壆與雙孖鯉魚所在，懲教大樓，有云雙孖鯉魚者，其另一當為從大石磨東北脊直延而下者，非此也歟？

▲ 左方伸出山咀，即雙孖鯉魚。　　　　▲ 右方伸出山咀，即與左方合成雙鯉共舞之勢。

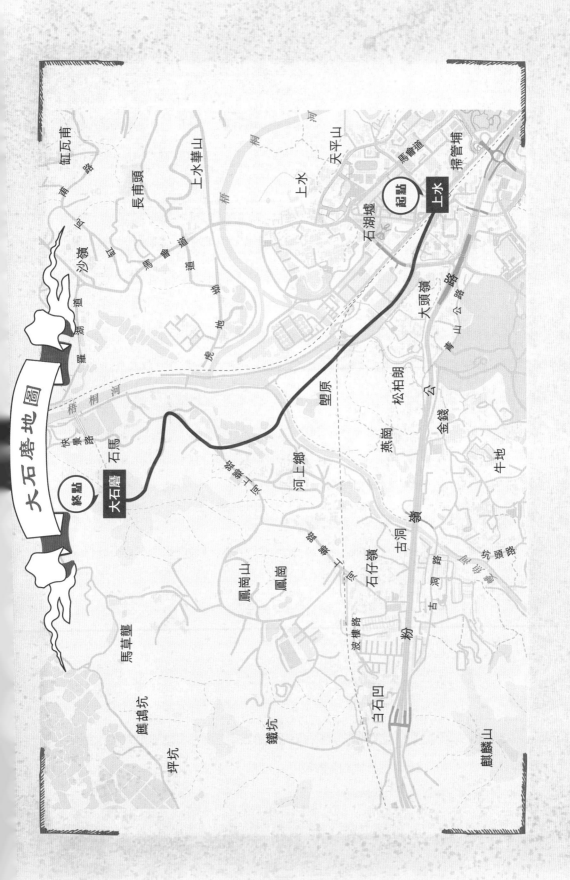

● 落馬洲麥景陶第六碉堡 ●

馬草壟有碉堡？像把石塊投落平湖水，突然泛起千百漣漪，反覆迴蕩。期盼，焦急，實在太興奮了，馬草壟禁村已解禁，如今還有堡壘在裏面，如何不教人期盼呢？

▲ 麥景陶第六碉堡，就是落馬洲碉堡。

▲ 從正面登山拍攝的正面相。

本來無一物　竟也惹塵埃

　　這本就不存在於我們行山朋友腦海中的東西，一向只高山險塹，那有這些本不與老本行有關物事？況且它存在於禁區之中，一向都心無罣礙的。

知識是財富　經驗也是財富

　　它把從白虎山尋堡一役，就掀起苗頭了，只是這些東西都是一點點，一滴滴，滲出來的不多，大抵，知識太寶貴了，它存在於自己腦袋中就是「財富」，哪能任意給予別人？有知識產權，要加以保護呀！

摸索、求證　過程艱酸　但幸福

　　村民，人性最真純的，存在這些與世無爭的族群中。他會盡可能把所知告訴你，儘管只是一鱗半爪，但這點滴資料也絕不能放棄，牢牢抓住。這堆人，那組人，今次，下次，再下次，利用坐村巴機會向村民討教，取到答案，去摸索，再一點點求證、糾正。

最美妙的「綸音」驟響

　　「嘻！我家裏舉頭就望到了！廢的了，假日是有人到那裏影相的，都是影相的人，行山人咋！」這像一段綸音般非常動聽美妙的消息，比甚麼都更為動聽。她給了一條正確的光明大道我走。一個全不相識的，只是乘搭着同一輛同路車的乘客而已。我內心在感受着自己的堅持毅力的同時，也感謝那位樂於指點我尋找方向的「貴人」。

▲ 大路口的反照鏡，鏡中有兩個行山客。

不知為不知　也曾路過亦不知

　　料壆路的高點（坳），那裏恰有一個路口，可以讓你再上高點的位置。路頗斜，有S彎；高處有平台，盡處一列石階再上，就是碉堡所在，鐵欄鎖着，只得一二照已足。沿外欄行，還可行，可以看到下方田園景色，及深圳河後的高樓大廈。田園水光，阡陌網織，景色很美；但天色灰暗，效果極差。出來見另一拍友，道是探路，準備晚些時間到來拍日落景色。灰黯夜色，原本就分別不大，祝他好運。

▲ 山下風光如畫。遠方雲霧如印度的克什米爾早晨，湖後高山，也曾出現這樣景致。

再有好心人相助 感激涕零

為了出版這本書，於是再上料壆路探這碉堡，冀天色好，田園照，有所獲。往外圍走時，環境竟較上回更惡劣，茅草長過了人頭，鑽不進去了，即是不能再在外圍續走去影相了。正感掃興，恰有兩警員駕車到此巡視，竟然歡迎我進裏面觀看拍攝，並替我持機在堡下方四周替碉堡環拍，多角度攝取。真正滿足要求，有甚麼形容詞呢？不是有句叫「感激涕零」的嗎？差不多了。

▲ 這個角度少有人影到，因這是我從內部另外方向攝到的，非常難得。

▲ 山堡剪影。

▲ 堡旁的輔助建築物。

▲ 從料壆山上俯瞰山下深圳面貌。

堡壘之下遙見的不就是……

從這山上，沿山脊下走，是可以接到「雙孖鯉魚」附近的，本可以再上去探一下的，但自己的體力，無法應付了。另一次再行吧！

▲ 坳前山路邊有地政署立的小型石塊，鑲嵌金屬板，上面刻着「水準點」字樣。少有見到這類碑記。

▲ 路成 S 字形，路盡平台可停車。

▲ 台盡頭有石級梯，窺見碉堡一角。

◄ 坳頂有路口上山，地上畫了斜紋方格。

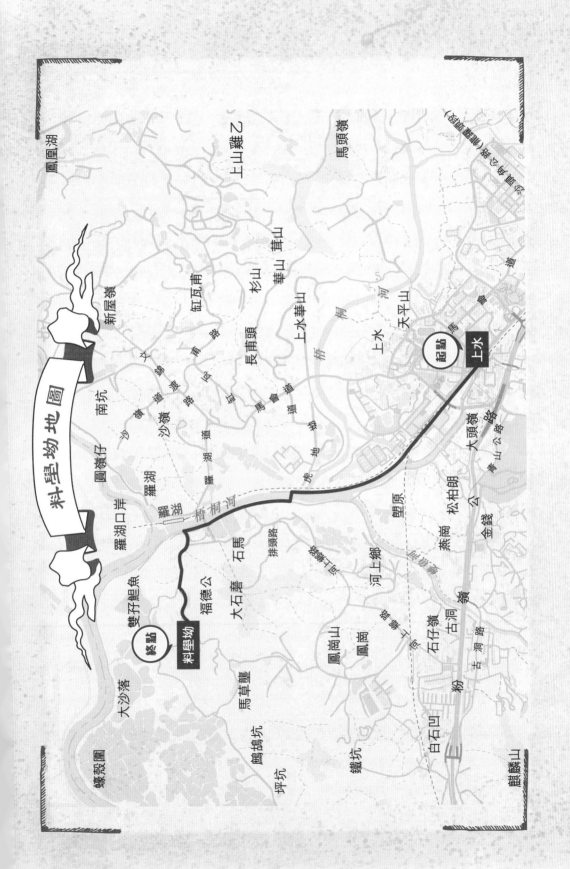

Chapter 17

● 雙孖鯉魚尋蹤 ●

　　香港不止以維港聞名於世，境內還有河流縱橫。如梧桐河，下游經羅湖而流入后海灣；上游可溯至沙頭角萬屋邊外，而實發源於麻雀嶺（紅花嶺），注意並非梧桐山。

▲　左方山脈下行，是雙孖鯉魚山咀，直撲羅湖一方。

▲ 上幾級石梯，左方有山路接下來，
　循之即出雙孖鯉魚舊警崗遺址。

▲ 山路頗明顯。

　　石上河乃經拓闊的大洩洪河，啟於石湖墟外大屋嶺，而至河上鄉，遂得此名。雙魚河係蜚聲新界望族河流，八鄉平原大族鄧氏賴以立村；排峰嶺下侯氏家族，更標榜立村於此河流之上而以村名，可見雙魚河之為新界氏族之倚重。上水彭族亦同樣聲稱與雙魚有關者，祠聯可以見證。

　　雙魚河發源於大頭羊山脈下蕉徑村群，由小溪澗集合啟流，一路經長瀝、坑頭，直趨古洞而入河上鄉前，收納石上河水，再交由經羅湖並以梧桐河名義入海（故梧桐河是貫通香港東西的一大河流）。

雙孖鯉魚　有說與雙魚河有關

　　由於這出口，實際匯集河流多條，本來就是下游，是流之末，因而令人費解的是，在羅湖附近山崗上，有一地理名稱叫「雙孖鯉魚」者？偶然機會，曾看到有文章說：它與雙魚河之發源有關。那就引起關注，並引來懷疑。它根本河流之末而並非河流源頭。這有關的到底是甚麼關係？

流末何得變源頭
用腳去探究因由

　　不知則已，知必求真。於是百方探求。又因它已解禁，於是用腳去求證，從得月樓上村路，門牌10-15號之後，是樹林，易迷失，入不得。

反覆幾次　求證於鄉民

▲　從料壆路斜對之路口。

　　內心不甘，便反其向而行，多次錯過，又再專程，在出料壆村口，即有汽車路牌路口，是向左行便過馬草壟村，右行往羅湖是得月樓。實行轉右，慢行搜索，左方山坡有大電塔，下有幾級石階，而旁豎了些禁止路牌。猶豫間還是上去望望再說。因為這是一個方向非常吻合的登山口。這次便是只有樹林和鄉村屋三數幢而已。

➤　回望大石磨山下，料壆村屋一字排開，消減了荒山的靜寂。

▲ 深圳河兩側，左是羅湖口岸，右是羅湖關閘。

知其不可行而行之　是求證道

　　首小段是石屎路，但石屎是沿山坡側平行前進，下望有山墳數穴，知為拜山掃墓用，不合所求；於是踏上左邊的泥路行，這裏泥路並無野草蔽塞，路形十分明顯，放心依路前進。過小山崗後，有鐵馬圍欄擋路，穿欄入，再上，形勢漸明，望向前面最高處，有鐵旗杆豎立，急行，地面似有屋基地台，這裏應曾是警崗，應為從前警崗基地所在。回望來方，大石磨（排峰嶺）山形雄偉，山腰上白屋一簇，就是剛才由此來的料壆村了。望向得月樓方向，梧桐河畔，高樓聳峙，仿如皇宮，是海關大樓矣。馬草壟方向，則見池塘掩映，阡陌交加，一派田家樂景象；亦即落馬洲碉堡外所望見的。香港本城市，城市變鄉村，農鄉本小鎮，如今變巨城，世事演變之奇之烈，令人驚嘆。

土人遙指處　確為雙孖鯉

　　四望尋「孖鯉」或「雙孖鯉」所在。野無石叢，自非石像，何來「孖鯉」痕跡。山脈來去形狀？回時特尋墓穴，或有風水穴名為「孖鯉」者，亦不見任何文字。下至得月樓橋邊，有土人自河上鄉方來，擬過橋，返羅湖村去，大喜，急叩以本地有「雙孖鯉」地名？有石似鯉？有山坡地形似鯉？只見他抬手一指：「此非為『雙孖鯉』所在歟？久有此名矣。純屬地名，無物可證也。」到此，浮一大白。此次為真有土人以言語證明該處地名者，即地圖所註位置也。

▲ 宏偉建築──永諾堂。

▲ 永諾堂內一座分離穀粒與稻衣的風櫃機。

◀ 料壆村福德宮為所見過最富麗堂皇者。

喜知馬草壟村初解禁急探遊

　　路況不明，兼屬禁地，這種忐忑心情，不言而喻。但都在抱有「必探」心理下，一一破解，這種快樂，隱藏了一份成功感，這份心情，惟抱有求探精神的讀者方能理解。

▲ 村上區旗飄揚，鄉村人家更有國家情懷。

一道圍牆，一道鐵絲網，足以使兩地人變得咫尺天涯。東西德、南北韓、國內和香港，幸而我們界線已越縮越窄了，禁區已變得越加接近邊界。曾在歐洲旅行，當他們步入歐盟一體化時，真羨慕和佩服他們，進出邊境如返家鄉，國門如家門，出入不獨無禁，連海關也撤銷了，可自由出入毋禁。

沙頭六鄉解禁 打鼓禁邊後移

自沙頭角六村解禁，打鼓嶺禁邊也向後推移，我們直迫香園圍、白虎山，馬草壟到底如何？記得很多年前，高山遠足，從山上順着山勢摸入了一次，那次非常幸運，沒遇上軍警，也只是匆匆地驚鴻一瞥，談不上印象。

▲ 曠野一大片，菜地只有幾畦。

本意屬河上 喜得意外緣

今回因訪河上鄉，從古洞大街見到有小巴掛馬草壟牌出入小道，知道有點瞄頭，可能會有所獲也說不定。問該地鄉民，說是解禁了。從地圖知馬草壟稍過另有料壆村，其鄰為舊村與信義新村，本擬從山路步行入村，再乘小巴出，但恐地理不明，還是不要冒這險了。先乘車入，再步行而返吧！

▲ 紅欄畔草綠，黃沙厭水清。

▲ 樓高倒影深。

▲ 樹岸紅欄逐溪流。

人間難得　善意友情

　　上水小巴總站站長，友善而樂意地指示乘搭51K便是，小巴路牌都是河上鄉，原來本都走河上鄉的，現在抽調一兩部走馬草壟線，再間中加走料壆，故亦有料壆牌。各位現在大體上可以理解，何謂喜出望外了。因為曾經思量在馬草壟落車後，怎樣可以再向前推進，以貼近料壆，再而接近羅湖邊界，直至禁止通行為止，現在司機已有正面答案，從馬草壟可上山沿車路過去料壆，也可落到海邊沿軍用車路走，後者平路，但遠些而易行。

初探馬草壟　輕掠料壆圍

於是除馬草壟外，決定加遊料壆。小巴從上水車站開出，轉兩個彎，轉入寶石湖路，一路直行，到古洞區，從河上鄉路口入，不到一里，糖坊路口左入，便是馬草壟路，兩旁都有房屋，但不是密集式排列，小巴上不時有人叫站落車，卻無上車客。身旁的一位婆婆訴說現在種菜很難生長，長不大。為甚麼？因為空氣不佳，菜蔬種了很易枯死。

▲ 馬草壟信義新村石碑。

▲ 山村屋雖細，山下公園綠。

▲ 村民何所求？富貴有平安。

空氣污染　農作歉收

一位姓馮村民從上水朋友要了百來株毛瓜苗回去種，話題就是由此引開，他也是說不是愁沒地種，卻愁它長不大，原因就是空氣不好。想不到今天社會空氣污染問題，最貼身感受到的，原來是目不識丁的鄉下人家。跟着馮伯說，現今菜貴，收成不好是根本原因。最後馮伯也落了車；到總站時剩下我倆，司機說等會再開到料壆去。他建議我們在這行過去也可以，風景不錯的。

岸南田隴　岸北高樓

　　於是落車向下行，村間小屋，田間瓜樹，渠道縱橫，海岸對方高樓密集，如松如杉，幾疑對岸就是香港，甚至香港哪有這般多樣化的標緻的樓房呢？它們把香港比下來了。邊行邊看，滿意地結束了馬草壟初探之行，料壆下次再探。

◀ 村屋勵志聯語：克服困難，就是勝利。

◀ 層樓高聳雲深處，笑看今朝我勝誰。

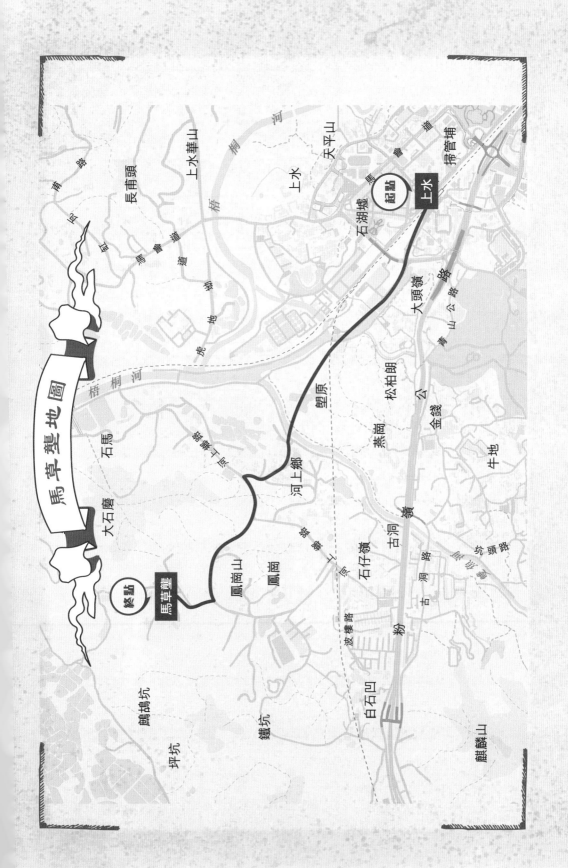

Chapter 19

● 羅湖橋邊得月樓　雙魚河上先尋月 ●

　　勇闖禁地，得探羅湖「得月樓警崗」，近窺羅湖橋，沿梧桐河漫步，甚喜，有如南非人在山泥中踢着一顆不細的含鑽寶石。

　▲　莫道村邊界，家家雪白新。

◀ 大王爺神社，社壇有型格。

▼ 村口指示牌：何妨坐車來。

　　世事之難能便覺珍貴，鑽石之被人珍視，非只在於它的質地堅硬，更在於它的罕有。如南方人不易見落雪，便以見鵝毛雪紛飛為奇遇；日出日落為正常，便以午夜太陽、滿天極光為異事。香港人儘管你大山踏遍，但鐵絲網下的禁區，你便千萬不能越雷池半步，能踏禁邊便是大喜事。

山上綑鐵籠　步步應小心

　　因此本港旅行，曾最使人困擾的，也就是這些禁區，行山人士會在不知不覺間誤闖，誤觸法紀而不自覺，有些邊界鄉郊，也是旅行人士所嚮往，卻奈何在禁邊內外，望而興嘆。連從虎地坳、穿越大水管、過火車橋洞底，然後上走石上河橋入河上鄉，卻會遭到迎面而來的邊界巡邏隊查問：「知否此乃禁區？」其實河上鄉虎地坳何來是禁區呢？亦惟有唯唯諾諾而退。

▲ 羅湖深圳河邊，得月樓警崗。　　▲ 橋通但限制，紅樓深圳關。

羅湖應得月　料壆不近河

　　好了，今天已全然鬆綁，可以直迫邊界而去，自然是一種大解放，心情輕鬆，我們已試遊過馬草壟這禁邊小村，也掠過料壆。不妨先搭小巴到料壆細遊，再續前緣吧！

得月樓村路　有雙孖鯉魚

　　料壆村後上接馬路，接到大路口，上有一個路牌，別緻地有架模型私家車放在路牌頂，很易認，左方是從馬草壟來，右方路向河上鄉去。

　　先接觸到路邊一戶人家，答以「得月樓村」。啊？得月樓非大廈而是地方名稱，應該是先有得月樓，因名字有詩意而為人熟悉，也流行起來，後來樓毀了，人們繼續用它作為地方名，便成了「得月樓村」吧！這戶人家的下方，應可通出去「雙孖鯉魚」名點的。

　　這雙孖鯉魚是否會與雙魚河有關，值得我們加以追尋，以前不可能，現在解禁，應該多放點時間去查看。

得月樓頭因近水
雙孖鯉魚有何由

　　稍過有另外人家，門口大書「得月樓村10-15號」，接近了；一個平台上出現了一座現代化樓房，門牌上寫着「得月樓警崗」。正擬舉機拍照，內裏冒出一位警察，笑意滿容顏，問過容許拍照，然後與警察搭訕並探路，知是可以沿河岸直去，第一處人家便當是那任食的羅太豆腐舖。

▲ 邊界羅太豆腐花，單車客恩物。

▲ 羅湖橋，一橋飛架南北。

117

禁區非禁地　壁壘已模糊

　　這是長久以來被視為邊境重地的禁區了,到底是怎麼個樣的?左方應就是界外地,是國內的範圍,一座有皇宮氣派的大樓,土黃色外牆,橙紅色綑邊,很有生氣。香港方面的是平凡的西式玻璃樓宇,相比下有點灰暗陰沉感覺。中間有一度有蓋的長長大鋼橋,這該是著名的羅湖橋了,從前傳奇與石慧被港英政府遞解出境,他們倆就在羅湖橋上靜坐抗爭一段不短的日子。

禁區禁止進入　我從禁區裏面出

　　警崗面前也有一道橋通往對岸的羅湖村,但要禁區紙才可進入;梧桐河成了另一道屏障。沿梧桐河右岸行,一個凹位處,讓管道在頭頂上過。上岸後大字標明500米前面是禁區,嚴禁進入。今我卻從這裏面出來,該如何計算?是否很有趣?

▲　鋼架鐵橋,扛起水管,讓東江水
　　飛越梧桐河進入香港。

▲　英雄樹守護着梧桐河。

落馬洲車少人稀

落馬洲，人知有瞭望台，是供西方遊客來港時，登台瞭望中國，現今內地開放已久，邊界亦可從料壑邊線直趨落馬洲，完成邊界禁區遊，瞭望亭變「望鄉亭」了。

▲ 風雨亭立於料壑村中心，並有亭聯。

從料壆到落馬洲，是禁邊碉堡行程的最後一段，它曾使我忐忑不安，充滿疑慮，也充滿期盼和渴求。今天，終於抱着破釜沉舟決心，也慶幸圓滿完成。

▲ 落馬洲村屋一部分。

小巴兩程站　正好合要求

取料壆起步，希望使行程多些變化，若嫌過長可從馬草壟起步，兩者都從上水廣場小巴總站，搭上51K綠色小巴，這線小巴是馬草壟與料壆連結的，有時是先到馬草壟（上回就是），稍停而後過料壆，有時是先到料壆再回走馬草壟，這程卻正正巧合我的要求。

廣場路四通　福德宮主廟

料壆與馬草壟分據山坡的左右兩邊，爬坡後一直落斜入村，廣場的開揚，旁有風雨亭，上書「料壆村」，還有亭聯。廣場位處四路交結點，直路入村屋，左路村屋後是田園，右路大馬路，上接主路來往羅湖得月樓出河上鄉，另一路就是通馬草壟的來路。落車後沿馬路上行，是繞村而築，過一輝煌雅致福德宮，飛檐雙疊，福德宮名牌置雙檐間，聯書：**福垂馮氏，德庇東鄉**。隆重的格局，似是該村主神，又知村乃馮姓。

▲ 「福垂馮氏」，福德宮當是料壆村神。

鄉村風味失　大城格局成

上到路口，下通羅湖邊禁，上回已行，左落通馬草壟、落馬洲。曾由此上行，今反向而落。不數分鐘已至平地，望對岸則高樓四起，仿似雨後春筍，深圳正力爭大城市格局，而今天已脫村姑形象，若再多點文明，勝香港又何難。回望草原盡處山坡上料壆村，幾重房舍擁疊，恰恰消減幾分荒涼。

泥灘破屋　群犬吠聲

出越料壆山咀，闊落草原消失，山坡高樹壓人而來；泥灘上雜樹亂生，環保人仕認為是自然生態。偶然一條人工開出來的泥路，上搭一間鐵皮屋；另處膠布帳下，遮蓋着一輛客車，從樹縫中看到有屋成列，規模不細，正想走出去探視，卻一犬吠聲引來十犬跟隨，群相擁來，驅逐不速之客。

◀　遺世獨立的山居。

▲　途中門前冷落的警崗。　　▲　荷池竟被野蘋綠。

▲ 沿途清靜，偶有踏車遊者。

樹隨欄岸曲　荷枯蘋湖綠

　　馬草壟村口有橋，橫跨水道出口，水道旁圍欄相傍，水曲渠彎，宛如龍舞，給青青垂柳帶來動態。過馬草壟村後很久才見人家，及至再有房舍時，便是步入落馬洲區份。一夥人家，門前掛大大彩帳，甚麼荷花生態賞遊之類，問說原來種了荷花滿池，後來都枯死了。又是這含毒的污染空氣所累？再去，只見招客布幕也拆去了。

▲ 野蘿繞柴屋。

123

落馬洲村不算細
美德家祠古惜殘

遠處一組房屋，在田隴之後，是落馬洲村了，見有一祖祠形狀房屋，便強踏田基往探，是「美德家塾」，邊村而有此讀書授童地方，不禁肅然起敬，樓宇格式古舊，真的很舊，且有破爛，綠苔遍地，不宜亂行；後座並作祖祠，張姓。門前田地，有人正灌了水，把田耙平過，準備插苗了。

▲ 美德家塾，屋脊泥塑古意盎然，
對聯更有深意。

昔日旅遊熱點　今日門前車稀

村盡，直通新田馬路，旁有上山路，通往落馬洲瞭望台。昔日為西方遊客必遊熱點，今日只剩仍漂亮的公園、瞭望鏡，及曾宣傳花費百萬豪華公廁，仍冷冷地屹立於停車場旁邊。於此可領略到甚麼叫「門前冷落車馬稀」了。我們已親自耳聞目見了。

▲ 難能再尋的古建築，惜敗象紛
呈，值得重修。

▲ 落馬洲瞭望台公園，保持整
潔，環境靚絕，惜遊人只有我
們兩老，於是掏出茶點享用，
整個公園為我倆所擁有。

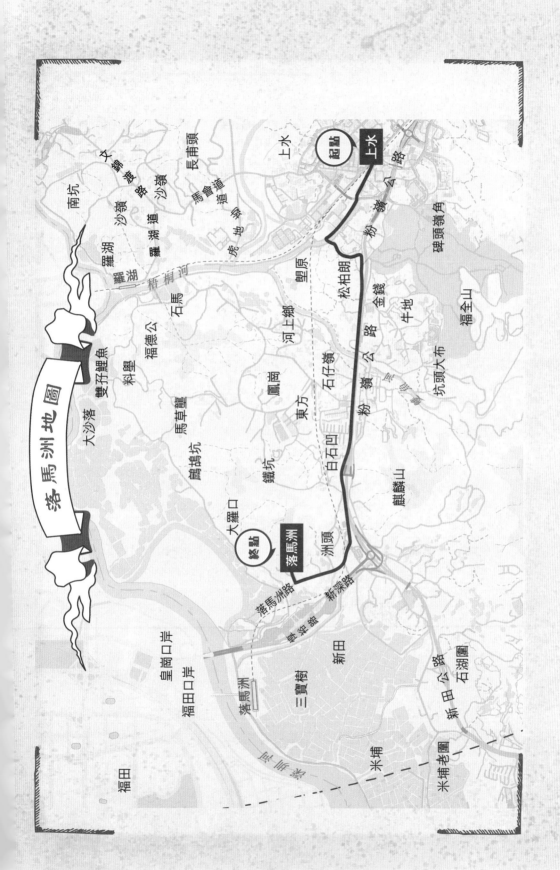

Chapter 21

● 元朗烏頭守護者　白鶴洲麥景陶第七堡 ●

　　邊界的監控，由沙頭角的紅花嶺開始，它與蓮麻坑礦洞碉堡，攜手拱衛着東部邊陲，之後是白虎山與老鼠嶺的打鼓嶺邊界，然後接近文錦渡的沙嶺（南坑）堡，都屹立前哨及在邊界之上，到落馬洲（料壆）後山，它已退到後方；而最末一個，是怎麼樣的呢？

▲　白鶴洲碉堡正面特寫。

像左螯伸出　完成包抄

它就是白鶴洲麥景陶碉堡。它與落馬洲堡剛剛相反，它像蟹螯一樣，從左方向前伸出，像要圍捕，像要包抄一樣。為何有此說法？

大片沼澤地 偷渡易進行

看看邊界沿線，都是實線相對的，當來到落馬洲後，深圳河已完成界河使命，流入大海了，但它其實與海還有一段距離，它是河口習慣形成淺沼、淤泥堆積地帶，面積

▲　白鶴洲碉堡一角。

非常遼闊，它形成了好幾若干方里的新田，然後再是一個完全是池塘沼澤的米埔沼澤區。也是雀鳥千里往返回航，賴以休養生息的中途居所。

像牽着一條絲帶繫着流星錘

就在這為人所不以為意的一條帶狀牽引着，幾棵成林的大樹叢中，躲了一隻像瞪着圓圓大眼的貓頭鷹般，又極像一艘躲在水下潛艇，用潛望鏡，向沼澤遠方瞪着一樣，不讓一個意圖進入香港境內的不速之客。它能更有效地打擊偷渡者，因為看來比爬山容易得多。而香港警方只像釣魚郎一樣，以逸待勞地等候上釣，守候着。

▲ 米埔自然遊客中心，建築物中間印着「世界自然（香港）
　基金會」字樣。

▼ 別致的工作間。

躲在大片池塘裏

　　白鶴洲，在甚麼地方？對，是米埔，這裏有一條76K巴士，是循環線，從上水車站旁可以搭到。這是乘火車的話，上到車站大堂，左右不辨，記着A方出口，利用天橋過了馬路，到彩園邨站，這線巴士的乘客很旺，因要等半小時才有巴士到來，當過了小磡村、石湖圍、米埔壟後，便是米埔村站，落車，回轉頭行百步，路口豎了大大的藍色路牌，上有擔竿洲路和米埔自然保護區。其中的擔竿洲路就是一會要成條路全走，走到盡頭，便是米埔自然保護區。

擔竿洲路　青衣島也有

　　擔竿洲路入口並不顯眼，但注意大大藍色路牌，和漂亮的米埔村牌樓。進入行不久，水塘出現，還有類似貨倉的建築，於是路側便發現有不少石刻成品，成排成列的，大大小小都有，不知何故擺在這裏，既不是展場，更不是賣貨。凡是遊人都被它吸引。

完成歷史任務　鐵網圍封閒置

抬頭直望，一條筆直車路擺在眼前，左右兩邊都是灌滿水的池塘，塘中浮着一組組黑色浮瓢，中央似坐了個看守者，卻一動不動，引人猜測是人還是稻草紮作。北方崇山一列伸展至遠，這就是名堂多多的雞公嶺，人又稱桂角山。它的原始名字實叫「掛角山」，行山人士勿多心了。今回從外部回看這個名山，好難得的機會！

▲ 白鶴洲信箱。

大直路把你引入樹林，村前有「楊氏元朗烏頭」廣告。原來這些烏頭就是這些魚塘養出來的。一個大建築物就是自然保護區辦公處，對面叢林，白鶴洲麥景陶碉堡就躲在鐵絲網裏面，我特地跑上去利用鏡頭鑽在網格中間，因大樹已把碉堡中間遮蔽，便順勢分左右兩邊拍攝。再小路直行，就有警察站崗的邊哨站了，再進不得了。

▲ 元朗烏頭由此養殖。
➤ 元朗烏頭產地。

129

▲ 青山橫北廓，綠水繞南門。

回程時在路口大街稍過，有侯王廟一間，拍了照，並在門口有綠色小巴直出元朗。車次很密，不用再等半小時一班的上水大巴了。

▲ 簡樸的侯王廟，斜對米埔村牌樓。

而麥景陶警崗堡壘的尋探，到此應告完成。但是我們是要在沿邊界走一回。除警崗外，邊界特別是禁區沿線鄉村都要細加探遊，還有很多事物等待我們探知！

Chapter 22

• 丫髻山下將軍護國　姓吳名誰？ •

尖鼻咀，許久以來視作邊界禁地，也是最早開放的邊禁。從流浮山深彎路直入，到最後一個瞭望台，遊客每止於此，再去有甚麼發現？一道馬路橋橫架在闊闊的鹹淡水河道上，河雖闊，名字欠奉，它長滿紅樹林，實在只是一條溢洪水道的出口，源自洪水坑水塘，初細而漸闊，並治理成石屎河床，臨近出口便回歸自然狀態。上流水源被引作魚池，排出的水流入農田，再歸大海，紅樹林憑此茁壯成長。

▲ 霸道的鳳眼藍，原長於亞馬遜河流域，現已遍佈丫髻山下，點綴出拍友追逐的大片花海。背後雙峰隱約可見，是丫髻山。

▲ 三月路經時，池塘水滿。

▲ 五月再去，池塘只見泥漿滿地。

勿嫌田基路　親親大自然

　　我們的探索從輞井圍開始，過村廟從下路橫出，過基圍路，路頗有凹凸，但遠山近水，小船破寨，自有怡人之處。踏上深灣路尾段，是最末一個邊境瞭望站，過右邊溢洪橋，橋上左欄架高大密孔鐵網，連拍一張照片不可得；右方土墩，上探水塘區，有破敗高架木寮仍有人出入運作。塘側另有通路可入，但只往塘區，可以不理。

▲ 這裏是本地人鄉村，喜見亦有圍村，同時告訴筆者，村人講的就是圍內話，即是本地話，廣州話。

▲ 吳屋村內的鎮國將軍，請勿誤為神廟，是吳氏先祖龕位。

▲ 吳屋村中古拙厚重土地神社。

▲ 鎮國將軍門前鐵炮，今去已不見。

丫髻大族地　山下雜姓村

　　到路之轉彎位置，若沿路直去，盡處是污水廠，須回頭，故離馬路右入塘基路，雖有崎嶇，時有路人甚至集體隊伍迎面而至。兩邊水塘，打汽機噴出水柱，仿如趵突泉；前望高樓，是天水圍大廈，左方遠山一座，頂上雙峰如髻，中央平脊相連，就是頗有名氣的丫髻山，地圖只註髻山，是新界大族風水山，上有仙人大座墓。墓而名，是由風水師尋龍覓穴而得，故為名穴，亦是愛尋幽探勝旅行人所追尋目標。

無意得花海　鳳眼藍盛開

　　路過「優質養魚試驗」龐大塘區後便接到馬路，無需只顧腳底，一邊踏橋，一邊望山，原來剛才那Ａ髻已近了一大截。前面出現綠油油一片，隱約還有大片紫紫藍藍，似是花海，竟然已得一奇景，是滿池蓬花，一支支，一串串，一簇簇，紫色花瓣，由淺漸深至一圈像鳳眼的深藍，人們暱稱鳳眼藍，滿池滿塘，連成大片成為花海。上月來還未見，今回來已引得不少拍友追逐，它使Ａ髻山下似仙境蓬瀛。這花原產於亞馬遜河流域，粗生而有霸氣，故不可隨便採摘任意丟棄，五月見花。

村民盛意拳拳帶我細看三村

　　慶幸得花海機緣。從閘口轉入村路，拍過最後一幀村口池塘屋，入村，小巴於村中大樹掉頭；小休時適逢村中梁姓夫婦從後而至，竟願意帶領觀村：村有三，盛屋圍門內有大樹，不知有否納入古樹名冊？大井圍不見大井，仍有圍，一街九巷，神廳位於中軸，奉祖先神位，圍聯書：大鵬展翅，井鯉化龍。嘩！很有志氣，肯定不是池中物。大井圍村有鄭、鄧、盛等姓氏。村民說講的是圍內話，何謂圍內話？她說就是本地話，因他們是本地人，廣府的本地人。故此所謂「圍內話」，即本地話。

▲　三月未見花，五月則蓬花滿池，花瓣簇生，有成圈狀藍色。人號為「鳳眼藍」。

▲ 吳屋村中的圍村門樓，內聯翹有書卷氣；不須敲更鼓，不用鎖閘門。

▼ 龕上額書「鎮國安邦」，聯書有「**扶君主，安庶民**」，一片忠君愛民心志。

先祖是護國將軍　講本地話圍內人

　　吳村中出一位護國將軍，供於神舍，非廟非祠，問吳氏村民，指乃祖先，他有功於國，位至護國將軍。問其大名則諱莫如深，只說並非吳三桂，說是明末清初人物。我有所悟，但不想明指，請聰明讀者自己猜。吳屋村亦有圍，聯書：**延陵世澤，渤海源流**。源於東北。圍門背聯甚佳，不容錯過：**太平不用敲更鼓，盛世何須鎖閘門**。村野而有此胸襟開朗，瀟灑之風，絕不粗野，佩服。

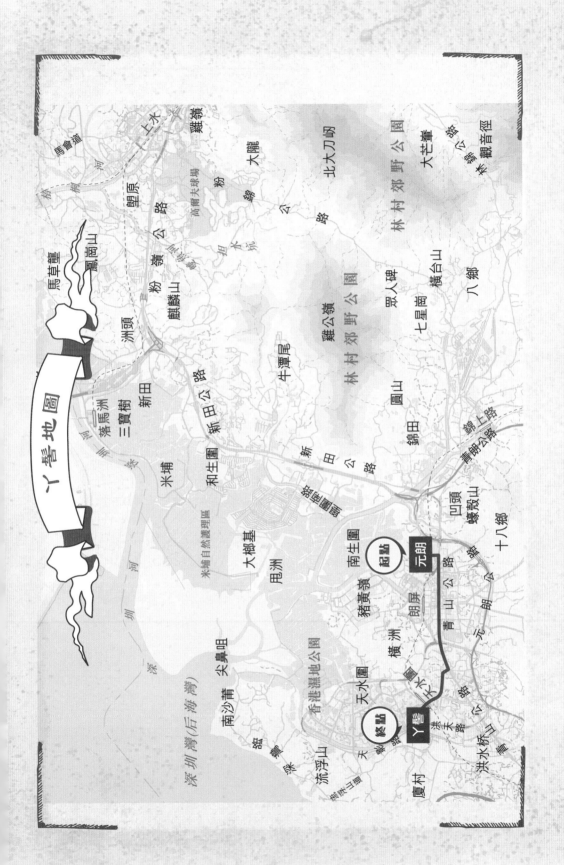

Chapter 23

● 排峰嶺下天哥種出君子荷 ●

　　富有之港人，外遊歸來，看到加國到處都被楓葉染紅，回來大事渲染，加國楓葉，早就俘擄港人的心了；後來，鄰近的亞洲國家也發展出以紅葉作旅遊賣點，與日本櫻花開期相似，某月為A區，某月也為B區，而後為C區為D區，儼然成序。而本地偶有三數喬木亦被染紅者，遂奔走相告，爭為時尚。漸漸賞紅葉亦隨櫻花之後，成旅遊賣點，為國家增資源。

▲ 開首荷田只得一角，這裏才算有具規模的場景，不枉此行。

▲ 這些筷子路，在雙魚河畔行過。
➤ 香港竟有大片蓮荷濕地，實屬意外。

授人以漁　勝似授魚

　　本人甚為嘆惜，每諷為政當局未能為本地用心，籌謀規劃。街樹之難能可貴矣，而不懂去善加運用，更不會善用郊野資源，徒令幾十年時光，任由溜走，今天空喊缺乏旅遊資源。能善用物裝扮河山，實在就是位「河山」畫手。職位高尚難得，為何尸位素餐。

不再羨魚　自己結網

偶有義者，在憋着一肚子氣之下，買來幾包油菜種籽，灑向幾片丟空多年的大地，讓它發芽，長花，便讓港人風靡了一段日子；又見到一條僻壤鄉村，長出滿池紫藍蓬花，叢叢簇簇，花蕊又像鳳眼的深藍，像千百鳳鳥麕集池中昂首奇景，人們雅稱之為「鳳眼藍」。哄動一時。

港人好獵　逐葉追花

然後又在初夏到來，蓮葉從池塘中伸出了芽葉，穿出水面，伸向天空，將捲成條子蓮葉，慢慢打開，像碟子、像圓盤，爭向天空昂首，承接早晨朝露，讓露珠在荷葉上滾動，一陣和風，葉上露珠都向早起農夫身上傾去。旁邊的一株，早帶着熱切的春心，末端孕出孢子，外面裹着幾層顏色鮮艷的嬌嫩花瓣，獨排眾綠，慢慢用獨有的風姿，自家的清幽，長出一縷荷香，迎接盛夏。於是，城市人又四出尋找荷香出處。

▲　以為新界已不再見稻田了，竟因尋荷花而找到大片稻田，便想起了宋大詞人：
　　《稻花香裏說豐年》詩句，大樂。

▲ 亭亭淨直，人稱君子，背景即排峰嶺，又叫
　大石磨。

◀ 時序稍過，荷花已盡情開放。

荷長於藕　人稱君子

　　荷花長於藕，根莖，分段成節，中通，出於淤泥，洗後潔白之蓮藕，可作溫熱湯飲；花之莖亦中通，故有說文載「中通外直，不蔓不支」，並喻為君子，菊喻隱者，牡丹喻富貴，文人重氣節，故特愛蓮。蓮花人多稱荷花，只供遠觀，故能供佛，佛座於蓮。亦唯見以荷花供觀音。

種荷需治地　連綿一大片

　　今個初夏，鄉郊中已遇不少逐荷拍友，交談之下，知河上鄉有荷田云。遍訪下，從豆腐花廠出，過雙魚河橋，入基圍，望穿睒眼，原來遠方的田田荷葉，已長滿池中，亭亭如蓋，蔚綠成片，有且已花落成蓬了。深入再行，不怕難，不厭行，更美好荷田，相繼出現，萬綠叢中，點綴幾顆嫣紅，排峰山下，那難得的嬌艷如許。難怪尋花者如此熱心追逐。

天哥農場主　種荷又種稻

　　田基中穿插，見寮店前有三支發電用風扇，是「開心有機農場」者，場主天哥言：荷花均由他手種。到此者勿忘謝過。荷池外更有多塊禾田，雖然疏落，但已抽穗，待滿漿禾熟，穗串彎垂，到時又是另外一番豐收情景，記得再來看。即景寫了首小詩：

丫髻山旁鳳眼藍　　排峰芰荷並蒂雙

寄語一彎雙魚水　　毋忘帶我稻花香

▲ 開心農場前三支風力發電機，天哥言：荷花及稻田均他親手所種。

▲ 開心農場有茶座，可小休喫茶享鄉村田園風情。

▲ 沿着有路燈的石屎路可出村，沿途田畦美景，細心領略。

掛角山外信哥種太陽花

　　既然是「尋幽探勝」，那裏有罕有事物，便要去尋。記得從羅馬尼亞前赴保加利亞途中，走到巴爾幹半島的田野上，見到大片大片的葵花田，一色金黃，朵朵葵花有十吋碗口大，印象深刻。今聞新田也有葵花田任由遊客進入參觀，怎能輕易放過。

▲ 掛角山下大片葵田，被急雨晴天催得朵朵爭放，引來觀花熱潮，亦使場主信哥有點欲哭無淚感覺。

▲ 遊人買不了多少支葵花，只是令鏡頭忙碌不已。

路人稀疏亦茫然　問不能答更徬徨

　　新田之葵田，與河上鄉荷田一樣，尋找時只知大方向，不知細節，抱着必探其極精神，親身細查才是辦法。誰知村民既不知有葵田，亦未聞附近有農場種葵花。幸有餐廳老者請出店內年輕輩應對，最後得知乃位於小坎村，並指點方向。這程路人稀少，亦茫然者多，尋探的艱辛難為人道。

▲ 小坎村內水田旁邊村屋有破舊落寞感。

姑且進入　步步求真

　　由青山公路，轉入古洞路，過文天祥公園，第二路口入嘉龍路，過第二組墓群，對正路口，一分為二，取下方並寫有德鋒工程牌，旁有信箱及候車亭者正確。稍過有綴滿蕉串蕉林，有路落下方，從上看到灰濛濛幕頂者就是葵花田信心農場的辦事處。

▼ 樹上綴滿簇簇龍眼果，還有芒果樹，果實成串。

雞公嶺下有葵花　不讓葵花變廢渣

　　進入「信心農場」，參觀者與義工混雜一片，出到田間，葵花田一片連一片，都用網圍蓋着，本來畦田都由網架隔開，現在方便遊客參觀和拍照，都把網掀起，推到一側，有些只留頂部蓋着。畦地在雞公山下，眼前看到的山，就是雞公嶺，這雞公嶺就是旅行人替它起了個別名圭角山，而它的原來名字，實為掛角山。新安縣志桂角山為誤，廣東通志掛角山為正。本地旅行人叫圭角，則為誤上加誤。反而本土人叫雞公山（嶺）是據形而名，有所本。然則，雞公山的葵，排峰嶺的荷、丫髻山的蓬，以至沙螺洞的菜花，都足以為香港稱道於世。

墾田一大片　葵花亦新田

　　抓去網幕的葵田，便通連成一大片，朵朵葵花爭相向日，萬眾鏡頭爭相向花，踖得田基為陷。然遊眾，大抵知遊者不多，不能與沙羅洞相比，但亦門限為穿了。改天再訪葵

▲ 大夫第牆已大見褪色，有美人垂暮感覺，足見保遺不易。

田，信心農場場主人信哥
出迎，驚見葵花泰半凋謝，
詢問信哥情況，能得簡略相
告者，是由祖而至今者，已
歷四代，此地原為沼澤，船
可舶近村邊，經祖輩戮力耕
耘，開墾田畝蒔禾維生，遂
叫此地為新田。而今有人想
將田變廢物堆填區。想到文
氏立村之更須跟大族抗衡欺
凌，其艱辛處，我知之矣！

▲ 葵田外側築堤，溪水沿溪流過，水源不缺。
背後雙峰突峙，即為掛角山也。

信哥農場四代祖　東山古廟天瑞建

　　信哥於此第四代，父母八旬九旬高齡，彼亦六旬有五，有子女及外孫
女，十八九矣，已就讀高等學府。次回退出時，喜得鄰近有荷田，惜花時已
過，但沿新田村路行，過馬路再伴溪行，反見荷花與蓮葉，俱長得茁壯可喜，
賞葵花前，實應先探荷去。

返回新田村口，就餐廳午飯以報相助之意，亦細探東山古廟名之由來，實天后廟。不妨猜猜名叫東山古廟之原委，前有長山下長山古寺，排峰嶺下排峰古廟，此東山古廟之東山，究在何處？想否知答案？

▲ 從小坎村出，沿溪行有荷滿溪，追花一族別忘了。

▲ 信心農場場主信哥樂意招呼，自言他是第四代矣，不忘初衷，避免大好農田變廢物地。

▲ 文天瑞別號東山，築的廟便叫東山古廟，泥塑色彩鮮艷，甚美。供天后而不稱天后廟，因在宋時未曾封后也。

▲ 水池外，高廈時起，雲天水影，如詩如畫。

侯氏鄉情繫雙魚河

　　河上鄉結村於排峰嶺下，立廟於排峰嶺坡，背倚於今名大石磨，非常明顯，村無遷移，山無變，只是山名被改，它就是「排峰嶺」或「排峰山」，而今人稱之為「大石磨」。

▲　河上鄉村口大牌樓，旁邊的路牌是「河上鄉排峰路」。

侯氏是新界五大族之一，他與文氏一樣，都只能選擇於外圍邊緣濕地開墾建村，早在康熙前已建立。村在雙魚河旁邊，又是石上河出口，取名「河上鄉」，可見與河流有密切關係。河上鄉前繫河帶，而背擁崇山，與鄧氏有龍山，河上侯氏則有排峰，毫不輸蝕。

▲ 入河上鄉道上，仍多舊型廠房，風格今已少見。

河上近羅湖　順探禁邊村

河上鄉地近羅湖邊界，因此選搭火車是理想交通。交通總匯有小巴可直入村，但我們要行的話，就選了大巴，在村路口便落車，準備邊行邊探訪村落。

石仔嶺村細　路通馬草壟

古洞路口信步而行，見路中有石仔嶺，果然是一條小村，村路窄窄，屋仔細細，亦予窮探，則巷屋只是泥濘濕地，無祠堂，無廟宇，村口則有特大墓穴，極不相稱。

邊線今解禁　下回必再遊

到塘角，有小路口相接，矚目路牌大書《馬草壟》，還有小巴行走，既驚且喜，村中父老相告，現在已經解禁，不再是禁區了。深感此行大有收穫，下回一定再來。

▲ 村口豆腐花廠園中供豆腐花神像，實屬初聞。

▲ 洪聖廟內同時供奉周王二公，相伴左右紀復界之功。

鄉聯失協　陰蔭有殊

　　過大型廠房後，右方有巨大石門樓，上寫《河上鄉》三個大字，旁邊一副長聯：

河鄉匯粹　謝龍山漁水　四時披陰
上谷騰芳　羨麟趾螽斯　一眾流光

　　上聯中「披陰」陰讀去聲。整聯讀起來拗口，原來是它三音節中均採仄音收，且多撞聲，非好對聯。牌樓側有兩亭並立，思雨思親；還有家畜模型，在草叢覓食，不忘務農本業。

▲ 排峰廟祀觀音，牆上滿掛神跡畫像。

嶺下排峰路　碑刻排峰嶺

　　沿排峰路入，到「河上鄉排峰路」引入村，先有古廟廣場，洪聖古廟及排峰古廟，係奉唐時洪熙公及觀音，後者不稱觀音古廟或水月宮，遂留意細讀重修碑記，指廟本建於村北排峰嶺下，故廟名排峰，一如長山古寺，亦因地而名。廟內並祀周王二公。

▲ 翻修完竣的洪聖古廟，旁是排峰古廟。中間小廣場，堅有華表。

從前叫排峰　何故變石磨

河上鄉後擁高崚，翼展橫張，尖峰驟起，旅行人仕每將此山呼為「大石磨」者，此不明不白標號，原來早已自康熙年代，已有「排峰」的古雅名字，一如雞公嶺或圭角山，它們自己也早有「掛角山」的謙卑稱號，只是時人不察，妄加名稱而已！

▲　河上鄉中心地帶，紅頂房舍是辦公地方。

▲　村後是大石磨，古稱排峰嶺，應即指此。
　　單峰獨秀，雙翼齊張，稱為「排峰」。

▲　居石侯公祠粉紅砂岩牆基，特顯尊貴，檐飾簡樸而古雅。

居石侯公祠　粉紅岩矜貴

　　居石侯公祠，祠貌宏偉，花紅岩石，綑鑲牆基門框，刻意美化，斗拱細加雕花，都是前人心思。祠堂門聯：

> 門對河洲　睹浩浩縈漩　試向淵源報祖德
> 屏環金鼎　望層層聳翠　宜勤仰止展孝思

　　上聯指雙魚，下聯指排峰嶺，其中「金鼎」，當有所指。祠掛《文魁》欽差大臣匾，可對應週田村的《武魁》。出沿排峰路抵石上河盡處，即與雙魚匯合地，匯點有鎮流亭。

▲　侯氏宗祠內高懸「文魁」欽差大臣牌匾，與週四村武魁，都是鄉試中式。（鄉試者各鄉員生齊集省城應試。）

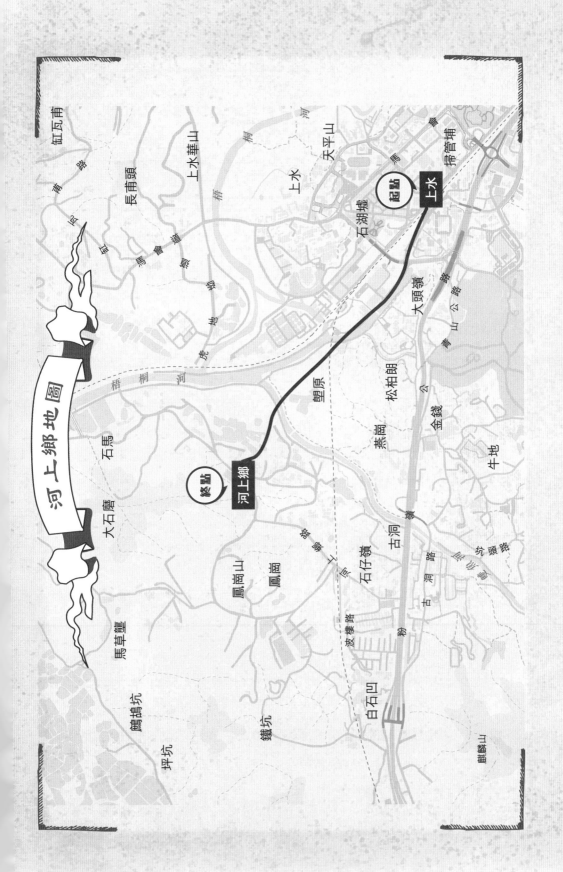

Chapter 26

● 排峰嶺下雙魚河溯源 ●

　　龍山鳳水，這鳳水指的就是雙魚河。為何叫雙魚？人言言殊，但知得月樓附近有「雙孖鯉魚」，不知與此有無關係。能遊雙魚河，尋雙孖鯉魚，已感樂趣無限。

▲　雙魚河，有指源出雙孖鯉魚，意甚吉祥。彼岸車輛來往頻繁，此岸僅有供車行石板塊。

▲ 新界氏族多以雙魚河流經為吉祥之地。兩岸農地，依賴雙魚河水灌溉。

▲ 怎的樣子，順流而下親身探究視察。

▲ 再行，發現大片菜田，老伯還出迎招呼。

　　雙魚河是新界氏族的風水河流之一。倚為「龍山鳳水」，不獨是「逐水而居」般簡章。新安縣志有記載：「**雙魚嶺在梁東上水河上鄉，兩山相並，如魚戲水。雙魚河出口在嶺旁，故得名。**」為尋雙魚嶺，地圖又示有「雙孖鯉魚」，位置是今得月樓之西，為今人稱「大石磨」東北延之餘脈所在地。

源擔水坑　出雙魚嶺

　　雙魚河流域不短，它上接蓮塘前的擔水坑，號稱雙魚河後，流經長瀝、燕崗、坑頭大布、古洞而入河上鄉，於此與石上河合流，合流處有鎮流亭，在河上鄉村口。合流一段再歸入梧桐河出海。

相見不識　務加探尋

我們常知雙魚與村氏族關係不淺，但卻只知其名而不知其貌，甚或雖曾接觸，亦有相見不相識之嘆。常興務必親到雙魚河一遊之念。若能探索有關雙魚史實，更在望外。

雙魚作梧桐　也合探求意

據司機指示，古洞附近有大河，可往探。在青山公路古洞路段望之，不過普通河道，不見有特殊建樹或加工過。該人所謂大河，本意以為指的是梧桐河，而經實際勘探，實乃雙魚河，係由古洞一方，直到河上鄉去的一段。亦合有意一探雙魚要求，是錯有錯着。

▲ 荒涼中，終於盼到有個小小農戶人家。

入口較荒蕪　路鋪石屎塊

　　沿雙魚河東岸行，河道寬闊，雖較荒蕪，但路面都鋪通窿石屎板塊，使不致雨後積水或變泥濘，甚至可讓汽車行駛而不至輪胎打滑；河道出水口渠道形制統一；水流沖成沙洲和水道自然面貌，也隨時日而長出青草，顯示這裏的放任自然狀態，已經歷一段不短朝夕。堤岸上沒有刻意植樹，只是自然生態，伴隨堤外野木和沼窪濕地。荒涼感覺真的襲人而來。

西岸人來車往
東岸冷落淒清

　　反觀西岸頗覺興旺不少，單車群與貨車、私家車都不少來往奔馳。相對下盼望前面有橋相通，及快點出現人家。果然，極目所見，樹下似有一輛私家車停着，但到達時只是似泊在這裏過夜而已，人何去了？農家何在？車之前面發現農田了，還有寮屋，機警地下探並揚聲，果然有老伯出迎，問之，是燕崗村，侯姓，是河上鄉族群，再過，又有一堆寮屋，是河上鄉！

▲ 從石上河岸上，下望東江輸港巨型水管。

▲ 污水經處理，同樣流入雙魚河，此為出水口。

▲ 東江水巨型的管道設施。

▲ 亭下左方為雙魚河，右方石上河。

雙魚到河上　少有如此行

　　沿雙魚河到達了河上鄉。有橋橫架河上，不渡，再行，一道大車橋攔着河道，上了河堤，是「鎮流亭」所在，這是與石上河合流處，亭下外方就是闊大的石上河河道。把這邊的雙魚河簡直比下去。

排峰雙魚嶺　尋雙孖鯉魚

　　續沿變闊大了的雙魚河前行，到羅湖橋前的得月樓警崗，到得月樓前，已因梧桐河流入而改稱為梧桐河。為尋探「雙孖鯉魚」所在，警崗後稍遠處有山脊下延，是排峰餘脈，是否即雙魚嶺。（註：猜對了，後探明正確。）因未能得高處鳥瞰，不敢遽下判語。警崗側亦有小山丘環繞，也行繞一匝，供有興趣探找者提供一點小資料。而我也已盡遊了雙魚河道。山嶺搜尋，則力有未逮焉。

▲ 大西洋與印度洋合流處是好望角，河上雙河合流在鎮流亭。

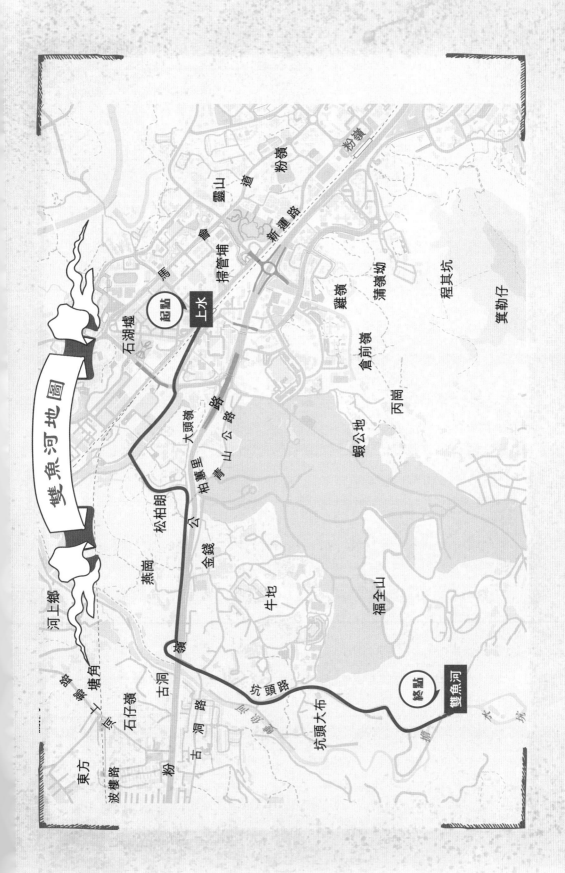

Chapter 27

● 后海灣上尖鼻咀 ●

尖鼻咀只有旅行人知其名，一般人不予關注。所在地是由龜山伸出的山咀，尖尖細細直達海邊，如鼻吸水，故人們就叫它做「尖鼻咀」。

▲ 山下池塘和禾田水光掩映，都是拍友日夜追求拍攝沙龍的對象。

由於貼近邊界，屬邊防禁區，不歡迎外人到訪，只是後來解禁，也為了發展旅遊，便在龜山上增加建設，山上築觀景亭，山腳築石梯登山，更將亭賜名「唐夏寮」，一下子把明清時代事物，推移到遠古唐虞夏商周盛世時代，以增緬懷遊興云。

▲ 路上鐵網上有警崗，便增加有刁斗森嚴感覺。

▲ 龜山不高，亭側仍有矮小標高柱。

▲ 轉彎後級盡處望到終點了吧！

今日泥灘淺海 往昔深港繁華

　　山下所望，盡是泥灘淺海，附近亦只荒蕪郊野，如何與唐虞盛世扯上關係呢？山下的金屬銘牌，字字真言，指出這裏曾經盛極一時，真有舊日揚州不過如是之概。

　　據說那時海邊，並非淺海，水深可舶，於是築碼頭以聚商賈，一時商旅雲集，貨物輪輸，遠赴對岸南頭諸碼頭去。龜山便是休憩歇腳之所。但最終抵受不住遷界復界波折，此地從此變得荒涼。

　　如今山上之唐夏寮只堪緬懷憑弔，昔日盛況只能從想像中得之，山頂上據云，本可遠望對岸世界之窗內各種建設，但高樹濃林，連山下淺灘也幾乎看不到，遑論遠望到建築。盼望有心人，既有心建設，也就跟進把它造得好些吧。例如臨海一邊，把高樹適當削除；又如以睇美景聞名的紫羅蘭山徑，把從崖下長上來的密林，起碼清除一部分。又如東心淇山脊，不能除樹，也盡可造一些「缺口」位，讓遊人可望到人人期盼的蚺蛇尖，不致齋行。有景可望，免浪費兩旁靚景。

▲ 流浮山牌坊矗立路中央。

▲ 從尖鼻咀道上眺望龜山，唐夏亭即在此山上。

▲ 邊界風光就是這樣寂寥冷寞、荒涼。

非為海鮮非為蠔　只為健康來漫步

　　流浮山不盡是為了吃海鮮，一條可作漫步遊的旅行路，藏在不顯眼的路邊一角。

　　市集旁一條上山路，沒有車行，原是上到舊日警署用。山腰還有一個精緻的公園，可歇腳，更可俯瞰后海灣淺灘一片特有風光。出，再探警署，已交鐵將軍把守，拍拍照，落山轉入不顯眼的深灣路，再望向山上警署，可見頗是傲人的「舊時燕子」身影，依然傲據今日山頭。突出兩角碉樓，似為昔日雄風瀟灑揮手。

走在狹窄車路　留意來往車輛

　　深灣路，路口隱晦，馬路狹窄，車輛來往對行，故走在馬路邊的行人，必須小心留意。不久出現宏偉牌樓，聯語出現「陰安陽樂」，知是供先人骨灰場所。再行，路口有「雲浮仙觀」牌，沿之入探，門樓有聯：

雲物不殊　一脈青山留勝蹟

浮生若夢　幾曾參道為黃庭

　　聯中一語便已罵盡世人爭名謀利心態，而內進所見，庭園風格不外又是骨灰龕藏所。地方遼闊寬廣，「錢」途無限。

稟神為名利 幾曾到黃庭

再行，路口有圍村路，兩旁水塘，水泵與小舟破屋三兩。可再深入有警崗建築物及鐵絲網區，步行到盡處眺望一番，再回到馬路迴旋處，候車回程。而於盡處見到池塘，這是一個奇趣轉折點，自有新天地。

▲ 涼亭上橫額《唐夏寮》清晰可見。

◀ 土牆上高欄，高欄上有區旗迎風招展。

▲ 非常吸引人的尖鼻咀碼頭，就在外面，但門禁森嚴。

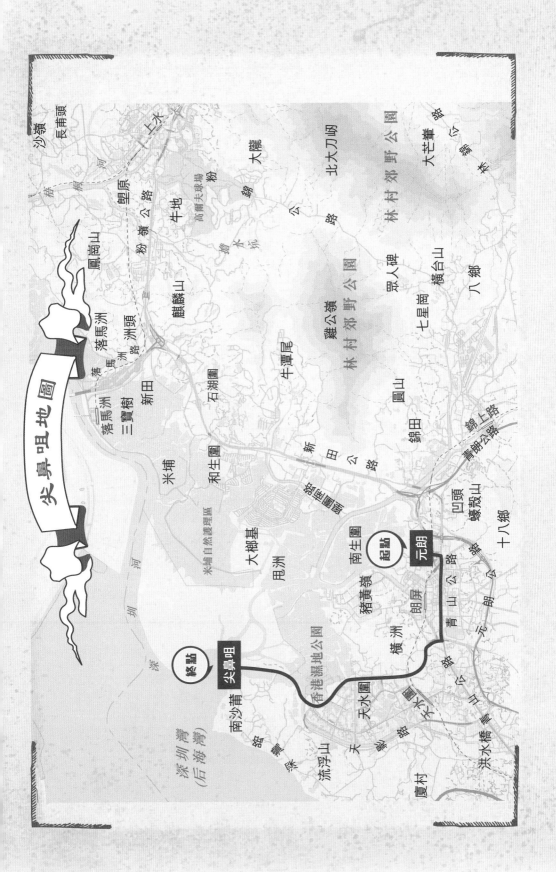

Chapter 28

● 輞井有高齡舉人　高山不能「抑止」 ●

　　從流浮山的深灣路入，過雲泉仙館，有路右轉，拐彎後便是輞井村。若嫌這路步行不好走，可從天水圍來，而且有市區巴士直達天恒邨下。車站面對天澤商場，可添糧水或在此嘆茶後方才起程。向近山一方有路橋橫跨屯門河上，橋欄任何時候都掛滿居民的曬晾衣物，不分冬夏。

◀ 橋欄掛滿居民的曬晾衣物。沿此橋過河。

◀ 路橋橫跨河上。橋欄有波波石柱，成排成陣。

▲ 過河面向矮山。

半截石柱
剎停失事車輛去勢

　　過河右方拾級下行，
林蔭甚深，雖夏仍涼，轉角
處稍行，有多截被削混凝土
柱，似為擺設，實是防失手
翻下來的車，好讓它有柱把
它擋住，煞其衝勢，免傷害
途經路人。有多少人真明其
義？火燄木列河岸邊，春夏
間叢叢橙紅花串綴滿樹巔，
為濃陰添幾分熱鬧。

◀ 遠山兩峯相倚。

▲ 尼龍壩是簡易攔截河水壩堤。

▲ 張李宗祠的近影。

▲ 高山抑止？

▲ 品行行子？景行更能表現聖人「行止」。

二姓大祠堂

到漁塘遊樂場址，右方大空地有路可入鄉村人家，即輞井圍。到村，面對掛滿彩旂祠堂，是張李二姓祠，顯然關係密切。堂前廣場很大，足容筵席近百。

年近花甲才中式　怎不教人喜歡天

轉彎再行，出現圍村小小圍門，門口搶眼紅木金字對聯：

輞川水秀

井里春融

聯首嵌「輞、井」兩字。據說是年屆六十二歲村民，鄉試「中式」，得了舉人，於是便寫了這對聯於圍門上紀念。年屆六十，已算高齡，方才中舉人，可見得來不易，心情高興，自覺今年春天風景特別明媚了。

五年逢一試　一試考三場九天

甚麼是舉人呢？參加甚麼試可得？這是「鄉試」。所謂鄉試不是指在鄉中考的試，而是在廣州城市考的，集合各鄉學子到來會考的試，秋天八月是考期，連考三場，每場三天，在貢院考，中式（合格）的便是舉人，首名叫解元。這麼難，落第一次又要等五年，一生人有幾多個五年？故難怪白頭搔更短了。中式確不易，值得雀躍高興。

開村廟宇神靈　與人生活有關

　　輞井圍旁邊再深入行進，是玄關二帝廟。鄧氏開村，與元朗南邊圍一樣，同奉二帝而非天后，因非水上生活有關。玄是玄天上帝，關是關聖帝君，即關公、關雲長、劉備的二弟。而村的發展，是由輞井圍這東邊，一路向西延展開去，故廟側的圍村不變，而西面的村屋散亂，且有兩姓雜其中。

．輞井有高齡舉人　高山不能「抑止」．

▲ 村中小巷，長而整潔。

▲ 玄關二帝廟。與南邊圍同樣供奉二帝為村神，元朗有二帝書院。

高山不能抑止　景行只宜行止

一提這兩姓祠，內有兩綉匾，一書「**高山抑止**」，另書「**品行行子**」，兩匾皆有錯字，而且很錯「高山仰止，景行行止」，是太史公頌讚孔子之語，今人借用而不查考，結果是：書到用時真恨少，臨到用時出錯已太遲了。

尖鼻咀本是繁盛地帶

尖鼻咀盡處有高台，上有「唐夏亭」，碑銘刻前時此地水深泊車，大抵相當旺盛，時移勢易，變得冷清，為偷渡者提供登陸的地利。遊覽一過，可沿路回轉輞井圍村，亦可於此候小巴返市區。

▲ 敬業書室，圍內有書聲，高齡舉人自此誕生。

▲ 圍內直巷盡處是傳統神廳，圍門對聯是舉人親自書寫及創作。

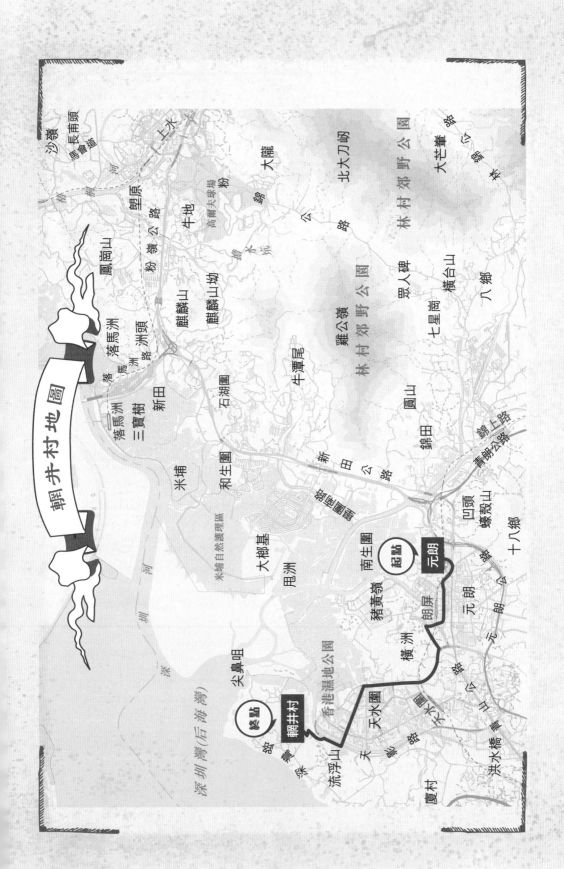

Chapter 29

● 浮山幾時流到后海灣 ●

流浮山，在北區海濱一帶，長久以來，都是一個「重鎮」了。它的英文叫Deep Bay，是深灣或深水灣。從前人們到此，以食蠔為主，自蠔涉嫌易受污染，便以食海鮮為主。

▲ 流浮山海邊遺留巨型石柱。

▲ 巨柱弧形一字排開很有架勢，遠眺彼岸時，恰成信手拈來近景。

▲ 廣場中心屹立綠瓦飛簷牌樓金字書寫「流浮山」迎客。

幾時還記舊日食蠔處

　　它是后海灣出口地區，河水與海水交界，適合養蠔，因長久沖積關係，海床亦淺；英文取名深灣，未免有點諷刺。既以海鮮為城市佈局，故踏入流浮山範圍，首先便見到大大牌坊「流浮山」三個大金字在廣場中央，周邊環拱着的都是食海鮮的大型酒家。無論是車子停在哪一角落，都逃不過「海鮮」的包圍。這是成功的。

▲ 山崗半腰有雅緻公園可流連和觀景。

▲ 山下田園阡陌，還有遠山高林，風景極佳。

▲ 於半路上遙望「半掩面」的警崗。

▲ 漁家數戶，從前蠔殼堆積如山。

175

海鮮街內食檔較細　佈置整潔贏得實惠

　　假如你喜歡自己尋找和深入探究的話，左方角落有街口可以進入，流浮山已準備了一條長長的海鮮街，任你選擇，街的入口處當然是大字招牌大酒家佔據有利地位，跟着，原來不是小食肆，而是在門口擺了攤檔，將門口堆了各種各式乾貨，賣的都是和魚有關的物品，如把活魚曬乾了的各式魚乾，大大小小的蝦乾，各類魚器官如魚膘、魚籽、魚鰭，頗吸引遊客駐足。不要小覷這魚製品，貨值份量是不輕的。

▲ 石峰入海成陣，遠眺跨海大橋。

▲ 休閒魚市場乾淨清爽。

蠔乾魚乾蝦仔乾　魚籽魚鰭魚花膠

　　過了乾貨舖，就是一些「橫街式」（鄙人杜撰的名詞）食店，取名「橫街式」，就是指他們不是大招牌、講求裝潢去吸引顧客，而是講求經濟實惠為宗旨，地方細，但桌面仍鋪整潔枱布，杯碟排列仍見整齊，不求裝潢，服務務求親切，貨品務求實價公道，食客就有賓至如歸，不會有被「搵笨」感覺，以近者悅，遠者來為宗旨。

愛食海上鮮　莫惜腰間錢

　　食肆過後，便是活魚鮮市場，一盤盤，一缸缸各類活魚，在氣泵充分打氣下，供氧十足而活力充沛，老饕們盡可隨意任揀，要吃海上鮮，莫惜腰間錢，五十元一兩的，一斤多重魚秤下來，大約八百元上下，不過三數人，筷子一落，已所餘無幾！

海邊蠔蹤已杳
不見成桶肥蠔

咬下去不知是甚麼的，但人們甘之如飴。往日用鋼插開蠔，一桶桶的兜售，現今竟然消聲匿跡，非常清靜。望向海邊，鰲磡大橋於海上遠去，海面似仍有不少蠔排；對岸高樓，似正嘲笑此方破落依舊。幾座突起石柱，似亦乏力回天，海鷗嘎嘎連聲，喊道不如歸去。

➤ 屋前馬路可直上山上警崗。

▲ 山坡上小公園，景色遼闊宜人。

▲ 警崗伸出碉樓一角。

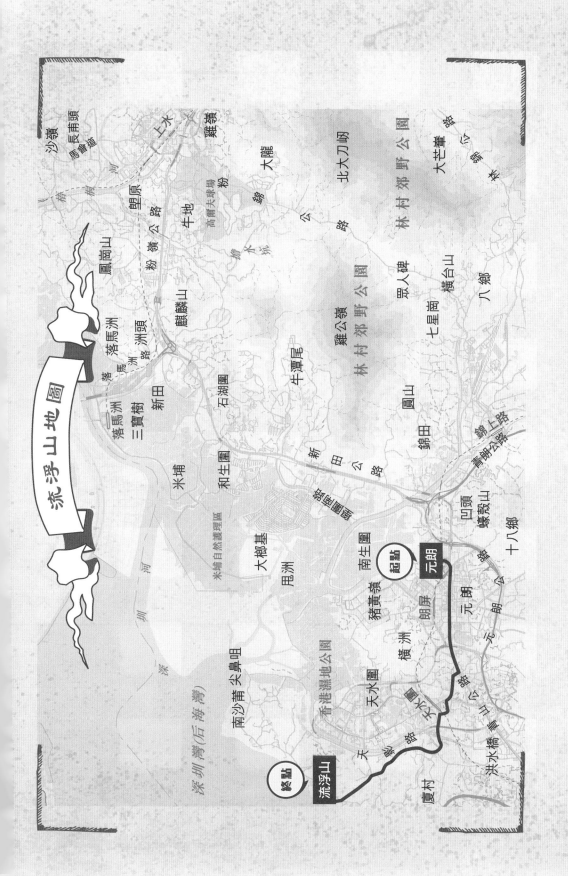

Chapter 30

● 白泥紅樹簇擁革命碉樓 ●

　　青山灣有紅樓，后海灣有白泥，都與孫中山辛亥革命有關；
白泥碉堡，夕陽紅樓，爭與革命餘輝，沾一分光彩。

▲　白泥碉樓，列作與辛亥革命有關古蹟。

▲ 水天倒映，林深處見古蹟碉樓身影。

　　每看到白泥日落照片，知夕陽餘暉，輝煌壯麗，亦難掩夕陽一份淒美。知道鰲磡建有跨海大橋，如白蛇騰舞，橋下蠔柱密麻，顯得特有丰采，都想看看。聽到那裏路遠地僻人稀，交通困阻，也就打住，但心中如留一刺，很不舒服。而這正是沙頭角河、梧桐河的入海處，告訴我們這條分界河，於此告一段落，到此終結了。

來去兩匆匆　忘卻留人處

　　其實對白泥也並非那般完全陌生，愛遠足的朋友，當以青山為目標時，末程總有白泥的份，只是來到這裏，路程終結，人疲倦，時間也晚，都忙着尋路歸程。而今天，我們會把白泥作首位，流浮山作中轉站，它可東窮尖鼻咀，西搜下白泥，而白泥其實除日落外，可尋古蹟參神，遊河汉古道，看溪橋茅舍，隴畝之外，更探得百年古木，紅樹成林，漁塘彩傘，更有肯為你帶路的城市少有鄉村人情味。

桃花依舊在　人物復存情

　　「從前這樣，現在還是這樣」的下白泥，不禁使人愕然。在這小街上正感茫然不知所措，茅店大媽看出端倪，溫馨提示往海邊去，有古蹟看。謝過後往鐵閘方向，過了羊圈，果見矮舊磚樓一方，前面有幾塊展版，看來就是古蹟處。

碉樓能抗戰　林樹護逃亡

　　屯門有孫中山逗留過的「紅樓」，展版無註明孫中山到白泥住過。祇是熱心革命的追隨者，為呼應青山農場的不足，看中白泥地僻而岸多林，有利逃亡人士隱藏，遂闢作支援基地，亦提供物資輸送。遂加建碉樓作保護。眼見碉樓磚砌，諒也足以抗衡百年前的步槍微弱火力。今天，它雖是全港碉樓中看來是最細小的，但已納入古蹟名冊。

亭林廟宇　遠響清風

　　再向海濱行，見溪流處處，汊道縱橫，河上鐵橋多起，都是橋盡處通入人家；獨有一橋，特別堅固，閘門虛掩，內進是園林亭殿，亭有地藏王，殿供觀世音，扶疏林下，都圍石凳，清幽修靜，可以答遠響，挹清風。欄外石堤，堤外亂石接茫茫滄海，遠處白虹，若隱若現。縱非桃源古風，亦當攜書細讀，漫想詩文，更宜偕友品茶，可偷半日之暇。

▲ 多橋橫跨的小溪，其中一條獨見幽處。

➤ 亭供「地藏王」，
另殿有觀音，林木
扶疏，頗堪流連。

➤ 下白泥觀音廟
天后廟，閣似
滕王閣。

鴨仔坑無鴨　日落灘多泥

　　出，往北盡探漁塘鐵門大宅後，南行，多孔橋橫跨鴨仔坑上，從前鴨群雜沓，呷聲噪耳，今日園林旁築，豎牌明示：沿小路出，可賞日落。不嫌泥污，順道出尋，迎來紅木林，廣袤泥灘，就是晚照原點所在，只見分流水道，衝積泥丘處，丘上矮樹成排，倒影成洲，恰似盤景；遠眺大橋，不過在林梢端一抹微影，只此已令萬千拍友，不惜勞頓，百般守候，為求珍貴一刻。

　　從下白泥村，前赴鴨仔坑途上，落盡坡前，見有簡陋門樓，旁書「觀世音、天后廟」。都是港人崇拜神祇。遂入參觀，先見「觀音宮」，再入，為眾神殿宇群像，寶殿金塔，雖不是雕金刻玉，也擬盡態極妍，力求簷牙高琢，各抱地勢之功，仿如進入阿房宮去。

▲ 左側鴨仔坑，昔人放鴨人家，今通岸邊觀日落。

不知遊白泥　將欠知香港知名地貌

　　憑欄眺海，左右俱宜，紅樹黃沙，白浪翻綠，露鳥時飛，遠樓霧隱，有橋如夢，一時驚覺夢迴，仍知身在人間。

　　或有嫌地僻人稀，無甚可看者，而小弟甚感能以此篇為書作結為榮為幸，若欠知遊白泥者，將是欠知香港知名地貌。

▲ 一叢矮樹紅仍綠，一望泥灘白還黑。

▲ 大樹旁水濱小屋，風涼水冷。

▲ 上白泥村路屋旁巨樹，當以百年計。

▲ 岸芷汀蘭，鬱鬱青青；城市人自是恨不來，惟郊行得之。

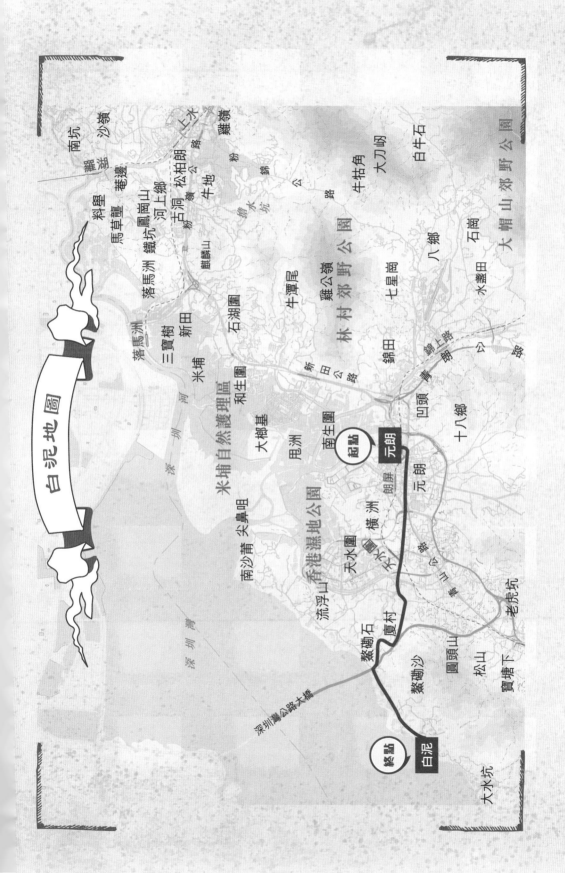

白泥地圖

Chapter 31

• 鹽灶下尋灶得五灰窰 •

初民復界回歸，生活困阨，耕田要開地，播種要種籽，捕魚要織網開船。今天看來無甚不了，從前已是十分困難的大問題，加上村落偏僻，趁墟要憑雙腳走路，費時吃力，故麻雀嶺下居民，亦多有從事造窰燒灰謀生，更可自用。

▲ 鹽灶下村前面對的山光水色和大片廢田平原，但不要少看，有土始有財呀！

▲ 請不要嫌它一堆亂草，它遮着的是過百年的古窰，就在膊頭下村前。
隱約見彎彎磚砌牆壁。

灶不見有　卻有灰窰

　　沙頭角汀角路口有條鹽灶下，本意走訪這村，以為此村是造灶
燒海鹽幹活，於是到這村尋灶。誰知有熟識鄉情的路中老者卻說，
灶不見有，灰窰應該還有，在村口海邊。他是沙頭角居民，說着上
了小巴歸去。

關雲長在此　誰敢決死戰

　　懷着興奮心情入村，沿途綠田滿眼，但非禾稻，亦非瓜菜，
只是茂草，並雜以薑花，而城市有學耕者，艱難才租十來尺地，已
喜孜孜的每個週日落田去了，今見如此荒廢，甚覺可惜。村分前後
排，旅人取道入鹿頸者多選後者，今日我取前者，果有所獲，有兩
祠堂及過黃姓祠堂之後，有協天宮，供奉關帝；關雲長是三國漢朝
大將，義薄雲天，手挽青龍偃月刀，腳踏追風赤兔馬，面如重棗，
左手挽髯，威風堂堂座鎮，牛鬼蛇神不敢來犯矣。

多得亞哥　介紹村長

宮側閃出一位大哥，遂道出求欲尋窰之意。卻被質為何不找村長，並以電話相告。村長客氣，初有所難，後卒示我尋找之途。出村踏上鹿頸路，行到有屋數椽處，盡亦未見所示跡象，恰有村人出，帶我到村口一樹掩林擁的磚牆前，指就是這個。撥開亂葉，見石砌弧形牆體，過人高，下端有方形門洞，應似窰，臨街。前邊倒塌，亂石被清除，剩半邊未塌者，急忙拍照。村人並指，南涌還有兩個，只在畫室側空地內，很易找。本來悶熱天氣，忽然烏雲蔽天，踩着馬路積水，到了南涌，匆匆拍過照，卻遭士多店者提示危險小心，以為她出言制止。雨傾盤般倒下，急忙謀歸。

得隴望蜀　尋一得五

後再通電村長，以示謝意，卻聲言另有窰爐近海邊，於是擇晴天再去，於脒頭下村屋盡處確有小閘，便進入四看，只地上兩大堆泥石，窰址乎？再看林中，有石牆影，趨前查看，有牆有爐口，側還有石牆諒用作護爐用。結構看來粗糙，但已成窰形。從外側再觀察，可爬上爐頂，原來還有些石砌成灶形，轉過去，一個完整窰口現眼前，是窰上有窰。村長云，從前這裏海邊，滿是蠔殼，故燒灰原料很易獲得。七十年前已在這裏，何故這麼清楚？因這窰是他父親造的。

▲ 這裏的一個明顯規模更大，是鹽灶下黃姓村長父親所建。

▲ 大窰之上還附有另一個灰窰，窰口結構還算有跡可尋而完整。

▽ 窰旁有石牆，但整體顯得堆砌粗糙，與瓦窰者相去甚遠。

▲ 位置在膊頭下圍欄內近海邊有七十年前已運作的灰窰。

▲ 南涌村內水道和紅樹林，成水鳥天堂。

南涌風光好　旅途常用上

　　再步向南涌，左方紅樹林像走入林帶，一支支樹幹密排。入南涌村，有路從這邊入另邊出，圍着的是高大紅樹林，成特有景色。南涌是登山者一個熱門地方，從這裏可以上橫七古道，直通大美督牛坳，可以上屏南石澗。澗口的閘水堤，旅行山澗時常在水中休息煮食，但忽然山雨欲來，山洪暴至而走避不及，人可匆忙急急跳到稍高處避水，但背囊雜物，被沖到這水閘內，要拾回，真是談何容易。今日行程，本欲尋一鹽灶，卻得鹽灶下三個及南涌兩個合五灰窰，真是意外收穫。

▲ 南涌窰旁邊另有一個較為完整些的廢窰。

▲ 南涌村口的一個破敗不堪的廢窰。

▲ 喃嘸阿彌陀碑旁邊是一塊編號 STK5 的里程碑，在上禾坑附近卻找不到 4 號碑。這是已經沒落的路程碑記。

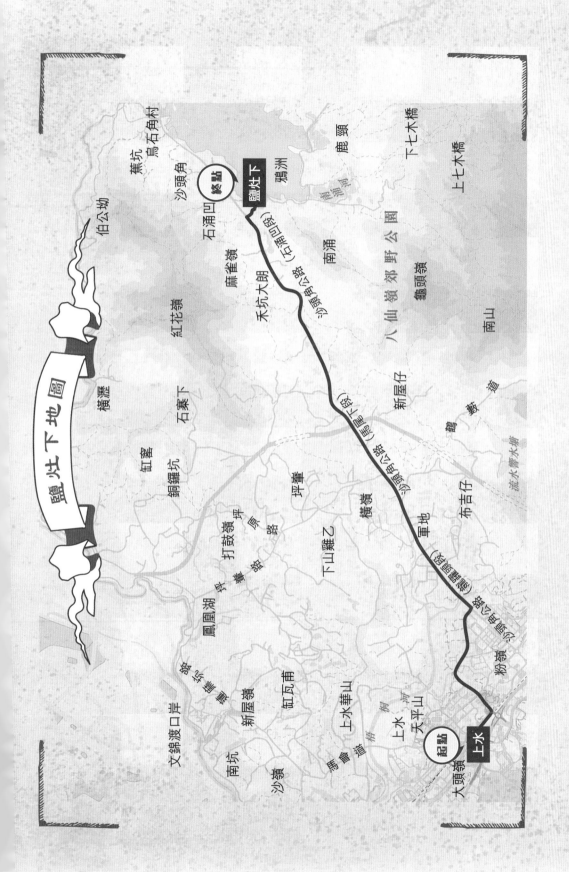

Chapter 32

● 海盜饋贈鹿頸古炮兩尊 ●

　　沿沙頭角海岸，除鹽灶下，深入些有南涌和鹿頸，都是值得探遊的古村。鹿頸是八仙嶺下山村，背倚高峰黃嶺和犁壁，山那邊就是汀角洞梓，橫跨有徑可通；烏蛟騰背靠吊燈籠，山那邊是今天已很熱門的荔枝窩。初擬從鹿頸陳屋老圍後入山徑而出新娘潭路，但略探後草埔山徑，故改用由公路連繫，或分作兩次細遊亦佳。

▲　鹿頸村的陳屋圍盡處，有巨炮二支，伴土地公兩側，一在左方石台上，另一在梯級欄杆下方。

立村三百載　復村二百餘

　　鹿頸於300年前清初已有先民到此落籍，發覺前臨灣海，後擁崇山，水源充沛，左右山岬相護，隱而不露，阻而不翳，遂相與眾人開墾，作塱圍田，過蒔禾捕魚生活，時有陳、黃、朱、藍四姓居民，康熙遷廢，復界回歸至今，亦已200多年歷史。

▲　入口附近景觀。

只聞購炮防盜　竟有海盜贈炮

　　當年政府積弱，人民淪為盜寇，香港亦屢受海盜騷擾，鄉村致廢，或購炮保村；但鹿頸村卻有兩尊鐵炮，並非村民購置，乃海盜所送贈，而且甚有威名，號稱為海上霸王，是否為張保仔所擁有，未有記錄，但確是由海盜所遺留下來的，是否遷界期間，海盜佔據此村作停留，可能到撤離時未有帶走，也說个定。但如此推理則甚合邏輯。這些史實見於炮側石碑所記，是於1994年仍生存父老所言而作的記錄。這些資料正適合本書的尋幽所需。

▲　大炮旁邊石碑說明乃海盜所遺留，右角為父老碑記石，其旁有空位，為另炮所在原來位置。

193

鹿頸隱而不露　雞谷露而清幽

鹿頸村前海灣，大片平原，滿眼翠綠，入村先徑黃屋，兩家宗祠，再而陳氏宗祠，公廁後左入陳屋老圍，若右斜上就是橫七古道，是八仙嶺山腰有名郊遊徑，直通大美督。雞谷樹下環境清幽，是大環走及金龍脊必經之地。

烏蛟騰出發路線
風景靚絕無得彈

烏蛟騰出發，可至黃竹角咀是一條考牌路線，可環走船湖（早前有人再次在長牌墩迷途），可上吊燈籠俯瞰全港最靚湖區，女王遊輪駐蹕的印塘海最佳位置，繞山環走觀景之佳，無與倫比。但今志不在此，這些路線都需要腳力。

游擊英勇抗日
可惜壯烈犧牲

重點在於抗戰時代，一段烏蛟騰村民與東江抗日隊伍聯手與日進行抗爭的可歌可泣，值得記住的歷史。在新娘潭路，轉入烏蛟騰村村口，有一個整潔而莊嚴的石欄園區，裏面一側豎有一支方尖碑，上面

▲ 烏蛟騰的「抗日英烈紀念碑」，座北偏東 20°。

金字寫着「抗日英烈紀念碑」，在稍為凸起的平台上，因見碑位座向有歪斜感覺，遂與門樓同作一次測量，果然都同是座北向偏東20°方位，可能是風水定位關係。碑無立碑者名署。

➤ 先前公園門口有工程，
  準備豎立烏蛟騰村石柱。

➤ 石碑記述抗日戰爭始末，
  1941-1945。

▲ 紀念碑公園入口門樓，座北偏東 20°。

正氣昭日月　義勇凜長存

　　1941年12月8日，日軍魔爪已伸至新界，烏蛟騰村民參加了東江人民抗日游擊隊，共同展開抗日激烈鬥爭。日軍圍殲大小戰爭不下十餘次，卒之圍村並迫村民供出遊擊隊員及繳出武器，村長李世藩挺身而出，遭日軍灌水、火燒、馬踏堅貞不屈，還有李源培副村長等九位同告壯烈犧牲。其事蹟值得港人永遠懷念。烏蛟騰村祠心路有李氏祠及劉氏祠，劉氏聯則不忘漢祚，卻不見李氏祠作大唐之後語。

▲ 烏蛟騰村內的一個升旗台。

▲ 村路上有一組樹根，纏着已遭拆去的寮屋，形狀仍保留。

▲ 村內的祖祠建築群。

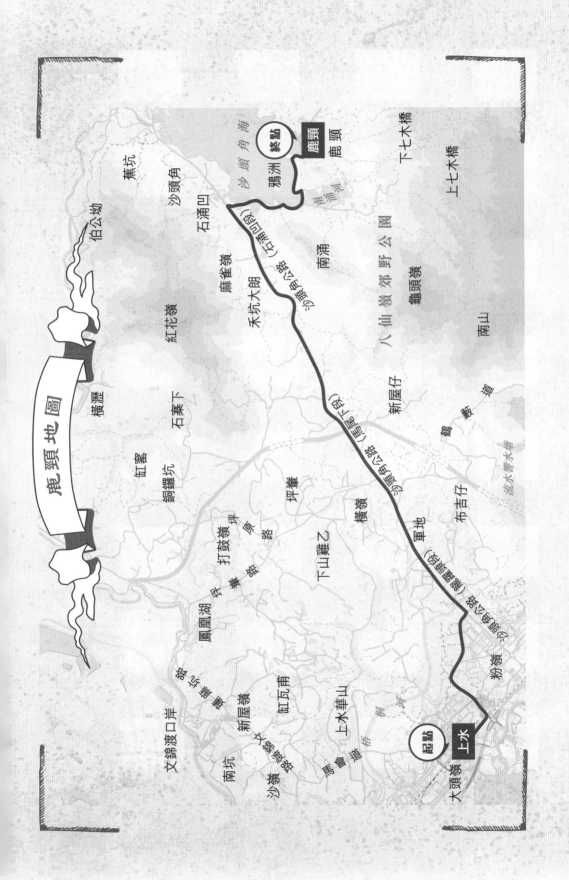

Chapter 33

麻雀嶺下喜見儒村

　　麻雀嶺與禾徑山，自東北斜向西南，面對大小梧桐，儼然成為邊界山脈，其南麓多平原，水源豐足，不少復界回歸村民聚居。沙頭角六村以至萬屋邊近廿村之數，最矚目者當然是那些村名相同，而分上下的大村。按村落慣例，最早立者因地不敷用，而有上下村、老新圍之分。

※ ▲ 麻雀嶺下的下麻雀嶺村張姓，中央即「泰順堂」門樓入口，內裏頗有規模，有「進士」功名牌匾。

➤ 泰順堂門樓雖細，內部規模甚
鉅，兩巷四門三進兩天階，門
聯饒有文風，一派謙卑敬長，
謙厚待人的儒家思想。

石碑是舊跡
無人識里程

我們沿沙頭角線走訪各村，尋風問俗，探古尋幽，鹽灶下而後對
面村是石橋頭，見路有里程碑石，上書STK4，是標誌沙頭角4英哩今
已少見。入石橋頭村，大興土木中；村徑左穿右轉，欲覓祠堂，有婦
云：隔籬村有，姓張。村中行或有時遭白眼，但一句溫馨提示，已樂
個半天。旁邊的村落即是麻雀嶺下村。

勿嫌村屋細　排列頗整齊

汲有籬欄矮牆，跨過高低級進入麻雀嶺下村，一列村屋不見祠
堂，祇有一所不顯眼門洞，橫額紅底金書「泰順堂」，門聯：**奉徵乾
象，順治家人**。不妄想貪求，只要大家和睦相安，農民思想就是這樣
單純、謙卑。但用詞文雅，似是受儒家思想薰陶，不止是農家的狹隘
思想而已。

三進四通巷　複雜似宮殿

堂內望之頗闇，尋幽亦需進入，亦頗足令人驚喜，真有探奇感覺。入門後竟是一條通天左右兩通橫巷，然後入前廊、中庭、後廳，具體結構是兩天階，三庭式、四通巷橫門，中軸兩翼偏廳多座，仿如宮殿，令人眼花繚亂，歎為觀止。想不到如此山村，其貌不揚的外表，內裏有如斯龐大而複雜的建築結構。村老指，本村出過狀元的，有匾掛後廳云。剛才以藤蔓滿佈天階，未曾進入，於是再去細看，果見進士牌掛牆上，是光緒十一年會試中式，考獲第177名進士，中式者張蔚增。會試需進京，學子克服道途跋涉，拿得如此成績，進士的第一名就是狀元了，是皇帝監考的，如此難得，值得欽佩，成績可賀。張氏宗祠在後列較高處。牌匾在奉順堂內而非在祠堂內。

雖同麻雀村　上下不同宗

上麻雀嶺村在較高位置，下村出口，沿馬路向上直行。村口大榕，遊樂場，山坡間大興土木。平台上半月形水池叫「泮水*」，水清養魚，供學子開學前繞行一圈才入學堂拜師，是開學禮制一種。麻雀上下村不同家姓，原來毫無血緣關係，上村雜姓，有小祠堂，在後排屋有大華公立學校一所，操場與校舍俱完整，但廢棄。麻雀嶺登山路在村側。

（註：「泮水」之義，指水只存一半未滿，不宜自視過高，時刻記起開學時所行泮水教誨，保持謙卑心態。）

禾坑重儒家傳承　梧桐河到萬屋邊

過禾塘崗村不入，直趨下禾坑村，下禾坑面對大片綠田，滿植羌花，清香襲人，消暑而使人神清氣爽。祠堂依然極整潔，祠翼外牆山水瓷畫，極頌河山之壯美，祠堂前亦有半月形「泮水」，今見長滿雜草。復出沿馬路過凹下，凹下為五十年代庸社「凹大長跑」起點，今成陳跡。大朗乃禾坑同族，入村與族人相談甚歡，並示我舊照，村前禾地屬大朗，餘皆上禾坑者。前人亦只蒔禾作自用，少有運出市墟出貨，因需人力挑擔，路遠無利可圖。村行就是可感受

到一份不意之情。出大朗，直趨上禾坑，過村屋入探「鏡蓉書屋」，此古跡屢出功名，內奉至聖先師孔夫子，儒家思想甚重：**「登斯堂必恭敬止，入此室惟孝悌子*」**作圍門聯對。曾由村後上攀海背嶺。出，蒙村友以車直送萬屋邊，村民情誼可感。萬屋村大地多，耕作仍在進行。後山為禾徑山，前臨梧桐河。從小坑村而至萬屋邊已到河之上游矣。此行收穫之豐，令人大感意外滿足。誰謂村行無意思！

▲ 進士匾上下欵俱用老宋字體，甚有古風。

（註：此「子」應作「止」，意義與「高山仰止，景行行止」相同。）

▲ 二房祠，禾坑民風淳厚，敦守儒家禮法，保持兄友弟恭。

▲ 麻雀嶺上村的月牙池，叫「泮水」卜卜齋年代學子開學時先繞行泮水一圈。

▲ 上禾坑更有著名書屋，為法定古蹟，內供孔夫子。

▲ 上麻雀嶺村有公立學校，已廢棄不用。

▲ 下禾坑村祠堂，兩翼牆上均嵌山水瓷畫，歷久猶新。

▲ 宅第標名「世居」，重視宗親源流。側門為「二房祠」，分大細房不同門口出入。
門聯寫上：**登斯堂必恭敬止，入此室惟孝悌子**。儒家思想令人欽佩。

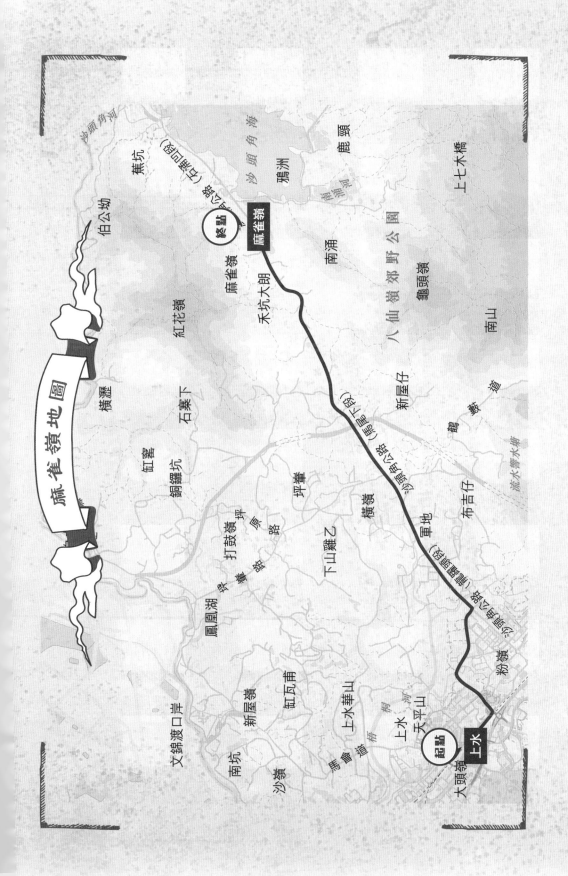

Chapter 34

● 邊界郊遊重鎮──荔枝窩 ●

　　假如你已身處荔枝窩，了不起，你已身在一個世界級地質公園了，真的始料不及，不可思議吧！既沒到機場，也沒有搭飛機啊！

▲ 四億年地貌的黃竹角咀，鬼手岩在海邊紅圈內，遊人登陸遊，陶醉在時光隧道中。

四百年老村　世界級公園

　　這條荔枝窩村，是東北邊陲一條老村，已有400多年歷史了，在六十年代，還擁有上千的耕田人口，禾熟收割時節，田中蹴着一束束已脫穀的禾稈草，耗掉多少城市人的攝影膠片。旅行人士，大都愛在這裏的榕樹廣場，廟前簷下，作為休憩點，加上該村位處交通要道，遠交近攻俱宜；所以，只要是行山客，無人不知有荔枝窩。亦無人不以荔枝窩為中轉站。

▲ 碼頭入村後一道華麗門樓迎接。

▲ 荔枝窩圍村入口，圍村內分三街九巷。樸實無華的門樓和翼墻。

空心能到老　楓榕竟共生

荔枝窩有不少景點，那條纏在地上打圈，和向上捲起作 α 形的白花魚藤，是拍攝發燒友的好對象。樹身長個黑黑大洞的空心樹，仍長得很茂盛，這樹在年幼時已被蝕空，但由於仍有木質附在表皮上，能運送水份和養料到樹梢，給葉子得到所需營養，生命得以維持。好像耶路撒冷橄欖園，耶穌被捕的空心樹，2000年了，到今天仍生機旺盛，長苗結果，搾油足供點燈一年。不遠處，有榕樹種子落在秋楓樹上，生出茁壯氣根，越長越多，直把整棵楓樹像網般纏着，變成合體樹，同生是否共死，看以後的發展造化。

▲ 從大炮角回望協天宮廣場。

▲ 很有名的空心樹。

▲ 楓榕合一，相依為命。

板根環境迫　銀葉成大區

　　銀葉林一片，成全港最大銀葉區，有特殊生態價值，與孤伶伶長在路邊的板根樹相映成趣，板根是堅硬路面把樹根迫出來的，城市不難發現馬路邊也有許多盤根錯節的自然圖畫。

▲ 協天宮供關帝，鶴山寺奉觀音。

協天有關帝　鶴山奉觀音

　　荔枝窩廟宇廣場決不能錯過。兩座廟宇協天宮和鶴山寺，供甚麼神，請自行參拜認知。隔籬一間是慶春約也曾作教學用途。慶春約為東北七村：由荔枝窩、鎖羅盤、榕樹澳（勿作坳）、梅子林、蛤塘、小灘、牛屎湖七村聯合而成，但費解西流江與三椏村卻未參與其中。

▲ 慶春約是辦公處，亦是小瀛學校，現為食肆。

大炮防盜擾掠　不致早成廢村

　　廣場上擺了兩門大炮，是它保障荔枝窩村民得以保留鄉村生活至今，要知鎖羅盤村大，亦荒廢最久，榕樹澳五十年乃至六十年代初仍有兩老為居，說海盜頻來，難以生活。以前訪荔枝窩也曾遇有一老婦，說是被賣作童媳，不准離村，第三次到訪已不再見到她了。圍村門樓甚古雅，大榕樹下假日村民煲雞粥享客。飲茶後咀角刁着牙簽的朋友，也不妨到此享受一番。

荔枝窩村　三街九巷

　　荔枝窩村大，有三直街九橫巷，從400年來一直累建而成，初時建村無規章，亂不成文，後才見條理。從建材也可看到村屋的建成先後，初建者用禾稈與泥椎實而成，後用石塊，再後期用磚，而擲地作金聲的青磚是經燒製而成，耐用得多。今時反而只見紅磚，質素不及遠甚。

人文歷史豐富　得成地質公園

　　荔枝窩為甚麼能成為地質公園呢？因它有豐富的自然資源與悠久的人文歷史，最重要是受到保育，也能吸引遊人，故岩石部份雖少，也被納入世界級地質公園。遊人就好好觀賞這世界級文物吧，不要辜負香港這件超級寶藏！

▲　保留了圍村，最佳是沒有都變了洋房，而是保留原日的鄉村風貌，所以，它能以人文的功能，成就了世界地質公園一部分。而我，更幻想着，這似是一幅「阿房宮圖」。

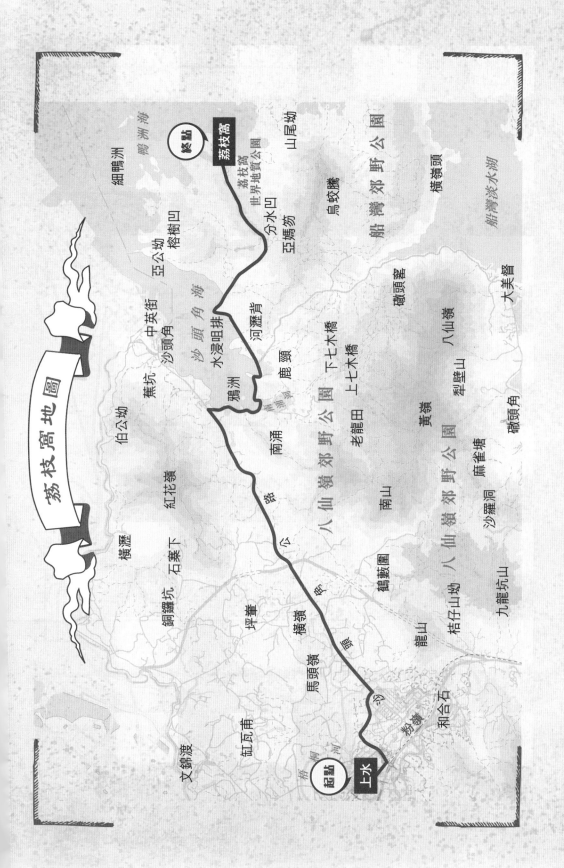

後記

　　《香港邊界走一回》為了要完成這寫作題目，在上水車站出入了不知多少遍，綠色小巴的往返路線，不知已出入過多少回，不再要請教路人了。

　　本來無意立這題目去寫作的，就是因「邊界」，兩個字，因它已禁絕「人寰」好多年，它像深海沉船撈起的寶盒，裏面的東西是已久封塵世，更因不為人知，就是這些神秘感深深吸引我，像淘金者心情，不斷去探求發掘，而不知結果的，也不抱着必有結果而去發掘的。

　　就是因不抱太大希望的態度，卻發覺零零碎碎的收穫，累積下來頗可足為世人道的，於是決定用這題目的冊子把它寫下來。一為滿足自己的好奇，二為世人也得以瞭解，三更是它以平地居多，體力不濟，亦足以應付，給從火線退下來的朋友也有不錯的節目。一個月一個月的，眼見體力的自然衰退，就以這本邊界作品去為自己生命，爆放最後的一朵煙火，為燦爛夜色增加點潤飾的光彩吧！

　　這條邊界遊歷過程，如果單邊單線走，就會枯燥乏味了，我們會欣賞英國人為我們訂立了一條不錯的邊界，利用紅花嶺山脈，留給我們山陽山陰的較大幅員面積。因此，我們就重新好好地把它們窮探一下，發掘早期來到香港定居初民的「心路歷程」。顯然都不會遲過康熙年代的，因海寇的遷界復界問題，正如沙頭角的最早居民，烏石角黃姑娘言，她們祖先在海邊建造了埗頭——應該是用石塊壘築成提供客人上落岸用，她說康熙的年誌也有記錄交餉銀的記載。康熙是清第二代皇帝，一般原居民多是復界後再回到香港，有些則是第一次來的。

　　可能覺得枯燥，探尋古民早期生活，灰窰是有趣的生產工具，容易造，也易於獲得生產材料，沿海邊都不難發現灰窰，就是這原故，瓦窰村中憑我的毅力尋到「孖窰」（已致電古物古蹟辦事處跟進，據報值得研究云。），天大發現的喜訊，窰主後人江先生稱：「古蹟，由政府話事好了。」江先生並指，這村的建屋用磚，都是他家的窰燒出來，包括「炮樓」。但是尋找的費心，真

是充滿心機，得來不易。鹽灶下的廢窰，換了別人，懶得去理了。

　　沿線上的麥景陶碉堡，因體力不繼，無法上攀紅花嶺伯公坳堡，多得錦繡（原雄鷹）葉耀文兄義贈照片，使得窺全豹；南坑堡因建築工程封路，葉兄亦加義助，不取分文，感恩感激！蓮麻坑碉堡與礦洞，得梁文偉旅聯會長及庸社行友王新文兄相伴及帶領，抄路上探，得以圓滿心願，但發覺自己體力，已經能上山而不能應付落山，這是頗令一個行山者不能不發為一聲浩嘆。幸而全線完成了。從沙頭角西走至后海灣出口入海。邊界全線完成，也兼探遊了沿邊界附近村落，把從前冷落禁止踏足的地方也熱鬧起來。

　　書是完成了，若讀者已讀了全文，自然會發覺，內容的確有別的所無，而本書卻有獨到之處，這是本人的期盼祈求做到的。

　　又回復到最高要求上去，香港人都愛遊世界，但是：

　　「要知遊世界，必先知遊香港。」哲人說。

　　「要知遊香港，必先知遊香港邊界。」筆者為蛇添足說。

　　那麼，我們就先從好好認識我們的邊界做起吧！

　　我在這裏介紹一些點滴經驗：如果你到過世界著名的米爾福特峽灣，你會發覺船灣淡水湖，倒有幾分相似；而伸入北冰洋半島上的連綿頁層岩，多則多矣，其奈不及東平洲來得多樣化，此所以東平洲入世界名列。

　　用心看看世界，用心看看香港；香港是美的，足以令你驕傲自豪的，全心愛上「她」吧！願您好好珍惜屬於您自已的家園。

黃梓莘

二零一九年十一月

香港邊界走一回

作者
黃梓莘

責任編輯
Wing Li

地圖繪製
萬里地圖製作中心

美術設計
Nora

排版
萬里機構製作部

出版者
萬里機構出版有限公司
香港鰂魚涌英皇道1065號東達中心1305室
電話：2564 7511
傳真：2565 5539
電郵：info@wanlibk.com
網址：http://www.wanlibk.com
　　　http://www.facebook.com/wanlibk

發行者
香港聯合書刊物流有限公司
香港新界大埔汀麗路36號
中華商務印刷大廈3字樓
電話：（852）2150 2100
傳真：（852）2407 3062
電郵：info@suplogistics.com.hk

承印者
美雅印刷製本有限公司

出版日期
二零一九年十一月第一次印刷